TRAFFIC NETWORK MARKETING

交通网络营销

经典案例与行动指南

姜彦宁　赵光辉◎著

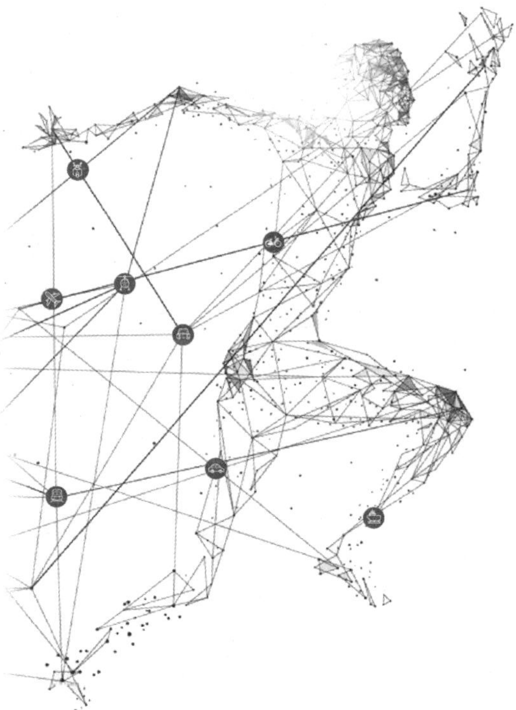

人 民 邮 电 出 版 社

北 京

图书在版编目（CIP）数据

交通网络营销 ：经典案例与行动指南 / 姜彦宁，赵光辉著. -- 北京 ：人民邮电出版社，2020.8
ISBN 978-7-115-54012-6

Ⅰ. ①交… Ⅱ. ①姜… ②赵… Ⅲ. ①交通运输业－网络营销－指南 Ⅳ. ①F506-62

中国版本图书馆CIP数据核字(2020)第079781号

内 容 提 要

本书用大量生动的案例阐述了网络营销在交通领域的应用，在对营销模式的脉络梳理中找到与交通的结合点，对交通行业的从业人员拓宽思路有很大的帮助。交通行业企业是国家建设和发展重要的承载主体，如何让交通企业更好地推动经济建设，如何在现代数字经济背景下，借鉴各地交通物流发展的前沿成果，总结交通物流发展的国际经验，适应新媒体的变化发展，本书对这些内容都进行了深入浅出的分析。

本书适合从事交通行业的管理者、网络营销从业人员阅读。

◆ 著　　　　姜彦宁　赵光辉
责任编辑　赵　娟
责任印制　彭志环

◆ 人民邮电出版社出版发行　　北京市丰台区成寿寺路 11 号
邮编　100164　　电子邮件　315@ptpress.com.cn
网址　https://www.ptpress.com.cn
涿州市京南印刷厂印刷

◆ 开本：720×960　1/16
印张：14.5　　　　2020 年 8 月第 1 版
字数：192 千字　　　　2020 年 8 月河北第 1 次印刷

定价：79.00 元

读者服务热线：(010)81055493　印装质量热线：(010)81055316
反盗版热线：(010)81055315
广告经营许可证：京东市监广登字 20170147 号

推荐序

我认识姜彦宁博士的时候，她刚到交通运输部工作，在科技教育司负责交通运输行业的教育培训管理工作。当时，她负责一个中外合作办学的项目，需要大型企业参与合作，她与交通运输部的同事一起到中国交通建设股份有限公司参观访问，我会见了他们。她热情好学的态度和出色的表达能力给我留下了深刻的印象。后来，我知道她为了提升自己的专业能力攻读了博士，又去瑞典深造，写了不少文章，现在已经成为交通物流培训方面的青年专家。她虽然身为政府工作人员，但是她对企业的经营非常感兴趣，经常向我了解企业发展中面临的挑战和对策，一方面作为她论文写作的素材，另一方面她也在不断地思考政府该如何更好地帮助企业为社会创造更大的价值。

有一次，我们开玩笑说搞交通的人只知道埋头苦干，不知道宣传，我们聊到了时下最流行的共享经济、电商、网络营销等。她说她一直想做一件事，就是让我们“交通人”从幕后走到台前，让更多的人了解我们为改善十几亿人的出行品质所付出的努力。网络营销就是一种很好的方式，可以借助互联网、新媒体让交通运输行业被更多的人了解。于是，说做就做，她利用业余时间查阅了大量文献，很快就创作了这本新书，书稿刚写完就拿给我看，让我提意见。

刚读了几页，我便被书中论述的内容所吸引。这是一本知识性和趣味性很强的读物，用大量生动的案例讲述了网络营销在交通物流领域的应用，可读性非常强，在引人入胜的现实案例中让人思考，在营销模式的脉络梳理中找到与交通物流的结合点，对从事交通行业的专业人员拓宽思路有很大的帮助。交通物流行业是国家建设和发展的重要承载行业之一，如何让交通物流企业更好地推动经济建设，如何在现代数字经济的背景下借鉴各地交通物流发展的前沿成果，总结交通物流发展的国际经验，适应新媒体的发展变化，需要像姜博士这样跳出交通领域看交通，将交通物流放到更高的层面来思考。在此，我真诚地邀请您与我一起阅读这本书，相信它会给我们带来深刻的启发。

周纪昌

中国公路建设行业协会理事长

原中国交通建设集团有限公司董事长

序1

基于摩尔定律，信息技术的发展遵循每18~24个月翻一番的规律；基于大数据、云计算、物联网等技术的迅猛发展，网络营销已经成为常态。本书自然也需要更新与升级。2017年，笔者曾任广西钦州交通运输局副局长，身处交通发展的第一线，接触了大量交通行业的领导干部。他们对新媒体知识、网络宣传内容特别感兴趣，却苦于无处下手，毕竟繁忙的工作让他们没有时间去仔细甄选和学习。笔者出于这样的考虑，决定在这本书中添加大量交通领域的直接和间接案例，并将案例与理论知识相结合，方便从事交通领域的领导干部以及更多的读者阅读与学习。

时下，任何不懂网络营销的企业都无法实现迅速发展，甚至无法立足。而不懂新媒体知识和网络宣传的交通行业的领导干部也无法在交通强国的实践中创新思维、紧跟潮流。时代在进步，网络已经成为每个人的生活中不可或缺的内容，交通行业的领导干部只有掌握了新媒体和网络宣传知识，才能更好地将交通运输领域的政策、实践案例让更多的人知晓，才能更好地将交通强国战略推向更广阔的天地。

2015年以来，越来越多的企业依靠网络营销成为行业“黑马”。

2017年3月19日，《新闻联播》栏目破天荒地用了4分钟报道了“共享单车”，中国似乎一夜之间再次成为“自行车大国”，这就不得不提其中的网络营销模式。

2018年，“共享单车”扩展为单车、助力车、电动车等，提供“共享单车”服务的一些公司在抖音、快手、微博等媒体平台大力宣传。

君不见，在交通出行领域，交通出行方式借助移动互联网、大数据、云计算等技术，对社会上应用较广的交通工具，包括地铁、出租车、公交车、高铁等资源进行整合，为交通工具匹配最佳的互联网资源，从而提高交通资源的利用率和人们的出行效率等。根据用户的需求以及交通资源的不同，交通出行企业提供的业务主要包括网络广播、移动 Wi-Fi、网络订票等多种形式，不同企业的业务分类及侧重点又有所区别。

纵观“共享单车”之争，各种网络营销手段轮番上阵，让人叹为观止。事实上，自 2018 年以来，新媒体和网络宣传的市场变化不止于此。随着信息技术进入新领域，新媒体和网络宣传的手段也需要更新升级。本书为了便于读者阅读，特意增加了诸多交通领域的营销案例，希望能给从事交通领域的读者提供一定的借鉴。

2020 年，中国巨大的市场和多达 7.51 亿的网络用户，能带来海量的数据和巨大的市场需求，这是任何一个国家都无法比拟的。中国市场催生了像腾讯和阿里巴巴这样的科技巨头公司，中国的互联网市场处于高速发展的红利期。

同时，纵观中国交通运输的发展道路，可谓“当惊世界殊”。公路成网、铁路密布、高铁飞驰、巨轮远航、飞机翱翔，天堑变通途的梦想已成为现实。中国路、中国桥、中国港、中国高铁成为全球亮丽的“中国名片”。铁路、公路、水运、民航的客货周转量，港口货物吞吐量，邮政快递业务量，一项项指标跻身世界前列，我国成为全世界运输最繁忙的国家之一。我国的交通运输科技创新实现了关键技术从无到有、从“引进来”到“走出去”的历史性转变。综合交通运输改革不断深化，“四梁八柱”的框架基本建立，各种运输方式加快融合发展，现代化综合立体交通网络加速构建。如今，青藏铁路、港珠澳大桥、大兴机场等“超级工程”举世瞩目，交通运输有力地支撑了中国经济持续快速发展。

如今，网络营销已经成为营销市场的常态，对于如何应对纷繁复杂的市场环境，希望本书能够为读者朋友们带来新的灵感！

赵光辉

2020 年 1 月于上海

序2

2009年，我加入交通物流教育培训行业，面对全国交通行业中的精英，我只有不断学习才能提升自身的素质，去承担岗位赋予我的职责。幸运的是，我在积累工作经验的同时，有机会去开阔视野、提升专业技能，在学习与实践的过程中，更加热爱这个行业。时至今日，我一直在思考，我能为交通行业做些什么。说到交通行业，人们的印象往往是修路架桥、交通拥堵或穿梭于各大高速公路的大货车，我们经常被调侃道:“你们‘交通人’多少有些‘土气’，只会埋头苦干，不擅长搞宣传。”所以我一直有个心愿，就是让我们“交通人”从幕后走到台前，让更多的人了解我们为改善十几亿人的日常出行所付出的努力，了解随着物流效率的提高，我们是如何给千家万户带来福祉的。

目前，世界经济的发展与网络营销密不可分，而网络平台无疑是商家的必争之地，手机终端更是如此。在中国，电子商务正在以前所未有的速度前进，超过60%的企业开始尝试营运电子商务。毫无疑问，企业在开展电子商务的过程中需要开展网络营销，越来越多的中小企业通过企业网站、搜索引擎、企业对企业(Business to Business，B2B)电子商务平台、网络广告等手段开展网络营销，目的就是提升企业在电子商务领域的竞争力。网络营销势必成为未来网络经济中最具潜力和更有广泛适用性的营销方式。新媒体形势下的网络营销是基于移动互联网，利用信息技术与软件工程，满足商家与消费者之间交换概念、交易产品、提供服务的过程；通过在线活动创造、宣传和传递消费者价值，并对消费者关系进行管理，以达到一定营销目的的新型营销活动。在中国互联网产业高速发展的今天，交通网络营销逐步成为一个巨大的市场，它在交通强国战略中的地位日益凸显。在互联网时代，“酒香也怕巷子深”。如果没有新媒体、网络营销的助力，交通行业就不能更广泛地被大众了解和认知！

作为一名“交通人”，不管你是行政机关的工作人员、企业员工还是科研人员，身处新媒体时代，自然离不开新媒体、网络营销的影响。交通强国战略离不开实践，更离不开宣传，找对了方向、用对了方法，新媒体宣传、网络营销也会变得轻而易举。因此我们撰写了这本书，本书的特点主要有以下 3 个。

（1）脉络清晰。本书从网络营销的具体问题入手，层层剖析并提出相应的解决策略，重点在于解决问题而不是空谈理论，从全新的视角看待网络营销。

（2）案例新颖。由于网络营销具有很强的实用性，所以案例编写尤为重要。书中采编了大量最新的交通领域的直接或间接的经典案例，让读者了解交通领域前沿的网络营销趋势，吸取前人成功的经验，再融入自己的理解，带来全新的学习体验。

（3）针对性强。对交通行业的工作人员、交通院校师生进行了大量调研，选取他们关心的新媒体知识和网络营销问题，并对此进行不断的探索、研究，结合实践，最后落实到具体的应用领域。

在编写本书的过程中，笔者借鉴和参考了国内外大量的文献和研究成果。为了表示对这些作者的尊重与敬意，笔者对所引用的数据和资料通过注释及参考文献的方式尽可能详尽地加以标注，在此谨向这些作者表示诚挚的感谢！

交通领域的新媒体宣传、网络营销的研究尚处于起步阶段，研究内容有待进一步提高和完善，研究方法有待进一步探索和规范，书中难免存在不妥和疏漏之处，敬请专家和读者谅解并指正。

姜彦宁

2019 年 8 月

于北京

目录

Contents

第1章

移动互联时代，交通网络营销精彩纷呈

要点导读

1.熟悉互联网营销时代的大背景及最新的互联网发展趋势

2.理解互联网思维、移动互联网、新媒体、大数据、云计算等理念

3.了解交通网络营销的重要性和必然性

1.1 互联网与“互联网 +”

案例1-1

优步（Uber）VS 滴滴出行（简称“滴滴”）：重构的不只是交通

优步（Uber）于 2009 年成立。截至 2020 年 2 月 14 日，Uber 的股票市场估值已经达到 676 亿美元。Uber 在全球 108 个国家的 400 多个城市运营，与 Uber 合作过的司机数量已经突破 100 万。由于对传统交通模式及出租车公司的巨大冲击，Uber 在短短几年内实现快速发展的同时，也在一些国家遭遇了诸多阻碍。例如，法国与西班牙实行全面禁止 Uber 的政策，在韩国、印度、德国等国家，Uber 也遇到了各种政策方面的发展难题。

2014 年，美国的 Uber 与中国的支付宝合作，Uber 正式进入中国市场并制订了到 2015 年年底全球合作司机数量达 200 万、覆盖城市超过 450 个的发展目标，竞争目标直指滴滴。

至此，中国交通市场中的两大巨头之间的竞争拉开序幕。

◆ 重构交通：优化中国交通市场

2015 年，Uber 刚刚进入中国市场时，其全球总订单交易额达 108.4 亿美元，总收入将近 20 亿美元。

在中国市场，Uber 2015 年的订单数量为 190 多万单，与全年订单总量达 392 万的滴滴相比，这个数据少了一半。

也是在2015年，滴滴官方给出了全年收入超过61亿元的财务报告，并且其业务范围覆盖了330个城市。

从这些数据比较中不难看出，国内的交通市场已经发展到成熟阶段。虽然市场中存在激烈的竞争，但是在现代消费移动支付的新型模式下，中国交通市场的发展空间将无限宽广。

2016年，Uber与滴滴从一对“冤家”突然变成“亲家”。2016年8月1日，滴滴正式与Uber达成战略合作协议。自此，中国交通市场又回到一家独大的局面。虽然二者只保持了一年的竞争关系，但通过这一年的竞争，国内的交通市场得到了明显改善，司机的素质、出行的便捷度、服务的效率都有了明显提升，中国交通市场中的各种服务行业也呈现日趋成熟的发展态势。

◆ 重构汽车行业：分享经济+无人驾驶，颠覆汽车产业格局

在重构汽车行业的过程中，Uber深刻地改变了消费者的用车行为，使汽车的拥有权与使用权产生分离。在美国市场中，Uber的快速扩张使部分家庭出现了延期或取消购买汽车的选择。一些具有强大影响力的国际汽车品牌，例如，奔驰、宝马等已经进军汽车共享领域。2015年2月3日，Uber宣布将与卡内基梅隆大学展开合作，二者将通过资源互补共同研发无人驾驶汽车。

2019年6月，Uber在华盛顿发布了最新款沃尔沃无人驾驶汽车，Uber高级技术集团首席科学家拉奎尔·乌尔塔桑（Raquel Urtasun）在发布会上说道：“我们的目标是让每个人都能去自己认为更好、更安全、更想去的地方。”

一项调查数据显示，平均每辆无人驾驶共享汽车提供的服务大约可以替代8辆传统汽车。未来，分享经济与无人驾驶技术的结合，将使汽车的购买需求明显下降，同时也会对汽车行业的格局带来巨大影响。

◆ 重构互联网商业模式：分享经济比想象中走得更远

分享经济很可能将成为继线上到线下（Online to Offline，O2O）、移动互联网之后，出现的又一个重要的互联网商业模式。人们通过分享自己拥有的资源、技能、

经验、劳动力等参与价值创造，并从中获取一定的收益。从全球经济发展的状况来看，分享经济在未来 5 年内或将迎来爆发式增长，其创造的价值与发展规模将呈现高速增长态势。

（1）分享经济所展现出来的优势很明显

★ 有效提高了资源的利用率，有效降低了社会成本及消费成本。

★ 提升了劳动力，为社会提供了更多的兼职岗位及就业机会。

（2）分享经济在带来一定优势的同时，也面临着一些问题

★ 是否能为参与者提供开放、自由、公平、合理的平台。

★ 平台的规则制订尚不完善，一些个体或组织利用规则漏洞非法获利，比较明显的案例就是Uber平台中难以杜绝的刷单行为。

★ 一些现有利益集团在自身利益受到威胁的情况下，容易联合起来抵制分享经济的发展。

★ 法律法规的制订需要有一定的缓冲期，在分享经济暂时无法与之相匹配的情况下，势必会对分享经济的发展带来阻碍。

只有那些能够通过创新发展、善于把握消费者心理、因地制宜的企业，才有可能搭乘分享经济的便车，实现跨越式发展。据专业机构分析，分享经济在未来可能创造多个估值超过百亿美元的企业。

1.1.1 以交通为镜：被颠覆的行业

近年来，越来越多的传统行业开始被互联网颠覆。例如，随便走进一家“小米之家”，就可以看见手机、电视机、净化器、平衡车、无人机……在很多城市中，只要出家门，人们就能看到不同公司品牌的“共享单车”排列在路边。

互联网正在以前所未有的速度颠覆着传统行业，各个行业只要与互联网结合，几乎可以打造出一个颠覆性的市场新格局。但谈及互联网颠覆汽车行业时，仍然有人质疑：互联网技术是否能颠覆更具有科技含量的汽车行业呢？之所以产生这样的质疑，是因为传统的汽车建立在内燃发动机的基础之上。

除此之外，互联网与汽车结合的优势体现在环保和安全方面。2018 年，中国的新势力汽车代表品牌——蔚来汽车推出了 ES8 的全新升级版。这款售价高达 46.8 万元的运动型实用汽车（Sport Utility Vehicle，SUV）在 2018 年的销量达 1.1 万辆，其销量领先国内所有新势力品牌。

ES8 的成功不仅是因为新能源汽车的环保特性，更是因为在智能性、安全性方面，蔚来汽车都做出了优质的表率。相比其他互联网智能汽车，蔚来 ES8 在技术上更胜一筹，车内搭载了比特斯拉更大的 10.4 寸中控屏，拥有极为亮眼的 NOMI 机器人（NOMI 系统是一款集成语音交互系统和智能情感引擎的小机器人），车内没有复杂的按键，简约的智能风格突显了整车的现代感。另外，这款新车具有百千米 4.4 秒的提速能力和 560 千米的续航能力。

在移动互联网的大浪潮下，互联网不仅对传统行业进行了颠覆，也为中国经济的腾飞带来了新动力。时至今日，中国与美国都成为全球互联网的超级大国。在国内，长虹、联想等传统企业也开始走上互联网道路。

1.1.2 “互联网 +”热潮推手来自多方

由政府提出的“互联网 +”概念，标志着互联网上升到国家高度。“互联网 +”概念的核心就是互联网作为创新原动力，已成为社会各个领域创新的主引擎。“互联网 +”的核心内涵是：互联网不再是创新的“独角戏”，而是在传统产业、社会进步等层面的融合创新。

1.1.3 “互联网 +”商业模式创新

在以互联网为代表的信息技术与交通运输领域的深度融合中，超级高铁、智慧公路中出现的新型交通产品成为全球热点，交通企业的相关网络营销新模式、新业态不断涌现并焕发出强大的生机活力。

1.“互联网 +”预测服务模式

交通企业通过不断地收集、整理和分析消费者行为背后的数据，挖掘消费者的潜在需求，并以此为依据进行精准营销。这是一种先“记录”后“营销”的模式，为消费者提供网络工具，将消费者从繁杂的搜索和海量的信息中解救出来；同时根据消费者之前的行为，有效洞察消费者的下一个需求，将“消费者自助式浏览”转变为“网站智能化服务”，借助消费者搜索、浏览过的网站记录分析消费者的行为习惯，在下一次消费者登录网站时，主动给消费者推荐一些相关信息，快速获取消费者数据，分析消费者对产品的意见和消费倾向、消费者口碑，发现潜在的消费者社群，根据这些数据预测消费者的新需求和新服务，将消费者的价值、企业的资源等组合后创造新的模式，产生经济效益；通过分析消费者的感知状态及品牌传播的情况，评价广告的投资效果，帮助交通企业及时响应网络上的消费者意见，准确地改善服务质量，提升交通企业的品牌形象。2020 年 5 月 11 日，中国铁路微信公众号发布信息《福利！这 5 趟城际列车打折喽！》。据报道，自 2020 年 5 月 10 日起，广铁集团对从长沙至张家界的 5 趟城际动车组列车的票价实行优惠折扣。该促销活动为发挥城际动车组短途运输优势，改变“五一假期运输”后遇到的客流淡季问题。交通运输部根据客运市场的变化，灵活地采取网络营销新模式，实现了精准营销的目标，交通企业为消费者服务的质量明显提升。

2.“互联网 +”电商服务模式

“互联网 +”电商服务模式借助大数据平台，通过提升流量来为商家提供客源，充分利用平台数据，使卖家准确地找到自己的买家，进而管理消费者。例如，分析消费者搜索了什么产品、点击了什么产品、浏览了什么产品、在产品页面上停留了多少时间、最终购买了什么产品等。企业可以依据数据分析结果向消费者推荐热销产品，通过销售活动来引导消费者说出自己的喜好和需求。例如，吉利控股集团和阿里巴巴达成战略合作，在淘宝商城的线上平台开设全球鹰官方旗舰店，其品牌活力、品牌定位与网络中的购物人群的购物特性结合得比较紧密。与之前的在线咨询、送车上门甚至网上付款等服务不同，吉利控股集团通过研究潜在消费者的喜好和网络行为特征，根据消费者需求提供增值服务，创立线上保证金加线下尾款支付的网络购车新模式。

3．“互联网 +”社交网络服务模式

企业可以借助社交网络开展品牌营销、市场推广、产品口碑分析、消费者意见收集等活动，以及当下较为热门的视频直播“带货”方式，通过一些互联网平台，使用视频直播技术进行近距离商品展示、咨询答复、导购的新型服务方式，或由店铺自己开设视频直播间，或由专业的主播进行推荐，绕过经销商等传统的中间渠道，实现产品与消费者的直接连接。消费者可以在手机上观看视频直播，通过送礼物、留言、打赏、现场讨论等方式与主播实时互动。在视频直播时，像在传统的大卖场一样，商家与消费者进行交流，主播通过弹幕上显示的消息可以即时了解消费者的需求，对视频直播中的节目内容做出调整，并与消费者进行实时互动、双向传播，通过“秒杀”等手段为消费者提供优惠，达到宣传产品的目的。社交网络带动了消费者对娱乐化内容的需求，视频直播的方式改变了消费者对产品的消费习惯，“互联网 +”社交网络服务模式逐渐商业化、组织化，呈现“井喷式”的发展态势。据统计，2019 年，中国在线视频直播用户达 5.04 亿人，平均增长率为 10.6%；预计 2020 年，中国在线视频直播用户将达 5.26 亿人。中国在线视频直播的规模保持稳健增长，庞大的用户群体必将带来巨大的经济效益。

阿里巴巴创始人马云与有“口红一哥”之称的“网红”李佳琦进行视频直播，比试二人的“带货”成绩。当天，李佳琦用 15 分钟的时间卖掉 15000 支口红，5 小时的销售额达 353 万元。携程网将其联合创始人兼董事局主席梁建章“培养”成网络视频直播明星，梁建章身着传统服装在直播间推销该公司的酒店预订服务，在一场为时 1 小时的视频直播中创造了 2000 多万元的销售额。格力董事长董明珠在 2020 年 5 月 10 日现身“让世界爱上中国造”视频直播间，她在 30 分钟销售的 3 个产品创造了 1 亿元的销售额。2020 年 2 月 7 日以来，交通运输部联合快手平台推出了“疫情防控，交通在行动”系列视频直播，平均每场观看人数超过 500 万。视频直播的内容涉及高速、铁路、民航、邮政、海运、公交、地铁等，从海口的海港码头到哈

尔滨的冰天雪地，遍布多个省市。相比传统的传播模式，视频直播的方式在范围和效果上都更进一步。交通媒体主持人、交通一线工作者纷纷转变身份，变成镜头前的主播，而屏幕那端的网络用户通过评论的方式与主播形成了良性互动。

4.“互联网 +”虚拟现实服务模式

交通企业通过虚拟现实（Virtual Reality，VR）技术，让消费者通过三维立体情景模拟的方式了解业务流程、产品服务，借助虚拟现实技术回答消费者的问题，三维立体交互场景让消费者感受到消费的乐趣。虚拟现实技术改变了传统的营销模式，交通企业也在不断地研发、推出与虚拟现实技术相关的实用系统，例如，虚拟产品、虚拟体验、虚拟工厂等。在虚拟现实环境中，消费者或参与者不仅是被动观看和接受，而是和虚拟的三维立体情景相融合，交互性地体验和感受虚拟现实世界中的多媒体内容，通过视觉、听觉、触觉等感官交互产生身临其境的场景效果。VR 的基本特征可分为沉浸感（Immersion）、交互性（Interactivity）和想象力（Imagination）3 个方面，具体如下所述。

第一，沉浸感。沉浸感是指消费者感觉到自己作为主角存在于模拟环境中的真实程度。搭建的模拟环境使消费者难以分辨真假，让消费者全身心地投入计算机创建的三维立体环境中。

第二，交互性。交互性是指消费者对模拟环境内物体的可操作程度和从环境中得到反馈的自然程度。例如，消费者可以用手直接抓取模拟环境中虚拟的物体，这时消费者的手有握着东西的感觉，并可以感觉到物体的重量，视野中被抓的物体也能随着消费者的移动而移动。

第三，想象力。想象力是指消费者沉浸在多维的信息空间中，依靠自己的感知和认知能力全方位地获取知识、发挥主观能动性、寻求答案，进而形成新的概念，产生想象力。

人能沉浸在虚拟现实环境中并与它发生交互作用，从定性和定量综合集成的环境中得到感性和理性的认识，从而激发自己的创造性思维。VR 的基本特征体现了人的感受在整个系统中是最重要的，强调了人在虚拟现实系统中的主导作用。目前，在航空器、高铁列车、游轮、汽车等产品的销售中，使用“互联网 +”虚拟现实服务的模式越来越多，并且营销效果较好。

1.2 互联网改变思维模式

案例1-2

“共享单车”引发的“共享思维”

2018 年，中国的“共享单车”行业发展遇到瓶颈。据艾媒咨询的数据统计，截至 2018 年 12 月，中国的“共享单车”用户已经达到 2.35 亿人。其中，36.8% 的用户通过“共享单车”完成日常通勤。

随着共享经济不断深入人们的日常生活，人们开始习惯“共享单车”的存在。“共享单车”解决了人们出行的“最后一公里”问题，既便捷又环保。“共享单车”的盛行也引发了共享经济的新浪潮，“共享充电宝”“共享篮球”“共享雨伞”等概念层出不穷，但在这些现象的背后却是“共享单车”的核心思维——“共享思维”。

事实上，几乎每个网络用户都曾从“共享思维”中获利，从最初的门户网站到后来的搜索引擎，以及如今的社交平台，每个网络用户都可以从中汲取各自所需的知识和信息，而汲取的成本却极其低廉，甚至可以免费获得。

2014 年，“共享单车”出现在大众的视野中。

2016 年，在“共享单车”的带动下，“网约车”开始覆盖国内交通市场。2016 年 5 月 31 日，教育部、国家语言文字工作委员会在京发布《中国语言生活状况报告（2016）》，“网约车”入选当年十大新词。

2017 年，随着国内共享经济的蓬勃发展，“共享充电宝”在这一年被资本推上风口，融资大战、专利大战一度成为“共享充电宝”市场的热门事件。

2018 年 2 月，交通运输部办公厅下发了关于《网络预约出租汽车监管信息交互平台运行管理办法》，国内各大共享市场的发展随之进入规范化阶段。

2018 年 12 月，中国的“共享住宿业”交易额达 165 亿元，同比增长 37.5%，参与者超过 1.3 亿人。

2019 年，国家信息中心发布了《中国共享经济发展年度报告（2019）》，这是自 2016 年后第 4 次国内共享经济发展的年度总结报告。该报告从近年来共享经济的市场规模、市场结构以及发展时代进行了定量分析。该报告指出，2018 年中国的共享经济市场交易额为 29420 亿元，比 2017 年增长 41.6%；各共享经济企业平台员工接近 600 万人，比 2017 年增长 7.5%，国内共享经济参与人数约为 7.6 亿人。共享经济市场呈现结构优化、快速增长的发展特点，共享经济覆盖到大众出行、住宿、餐饮等多个领域。

共享经济的成功源自与市场用户的交互，共享经济原本是关于资源过剩和资源短缺的链接，其核心是打破信息的不对称性。每个资源过剩者可以分享资源，资源需求者则可以用低廉的成本获得其使用权。正是以这种思维作为引导，“共享单车”等自行车租赁企业才开始进入市场。

事实上，在人类早期的发展中，“共享思维”让人类得以团结起来一起面对恶劣的自然环境。时至今日，随着多家互联网企业掀起共享经济的浪潮，人们的“共享思维”也亟须跟上步伐。

1.2.1 “互联网思维”的内涵

“互联网思维”一词最早的提及者应该是百度公司的李彦宏。在 2011 年，李彦宏在他的一次演讲中偶然提到这个概念。“互联网思维”的意思是指要基于互联网的特征来进行思考。

1. 定义

（1）工业化思维

一种技术从工具属性、工具的应用层面到社会生活，往往需要经历很长的过程。珍妮纺纱机从一项新技术到改变纺织行业，影响了东西方的经济格局，互联网也是如此。越是成功的企业，转型越艰难，这就是“创新者的窘境”—— 一家技术领先的企业在面临突破性技术时会因为其对原有生态系统的过度依赖而面临失败。

“互联网思维”是对传统工业思维进行的颠覆，消费者反客为主，拥有了消费主权，消费信息越来越对称，价值链上的传统利益集团越来越难以巩固自身的利益，传统品牌商和零售商逐渐丧失了“发号施令”的能力。消费的话语权从品牌商、分销商和零售商转移到消费者，消费者可以从设计、生产到销售的整个价值链中参与创造。

（2）用户至上思维

移动互联网颠覆了现有的商业价值坐标体系和参照物。过去，品牌商和零售商习惯了“独唱”，消费者没有参与。而现在，让消费者参与才能形成品牌效应。

移动互联网打破了价值创造的规律。企业必须回归到商业本质，真正找到用户的普遍需求，为用户创造价值。只有专注用户的价值，才会给企业带来财富。

综上所述，对照传统理论：4P+CRM（即四大营销组合策略＋消费者关系管理）具体为产品（Product）、价格（Price）、渠道（Place）、促销（Promotion）、消费者关系管理（Customer Relationship Management，CRM），“互联网思维”就是“专注产品与服务的极致”＋“优秀的社会化媒体营销”。其中，产品、价格、渠道和消费者关系管理都属于“产品和服务的极致体验”，而促销就是一系列优秀的互联网口碑策划。

2. 形式

（1）快速便捷

互联网的出现可以说是人类历史上的一次变革，它颠覆了很多传统的工作和生活方式。最明显的是，互联网让人们的工作和生活变得更加快速和便捷。

（2）交互参与

过去，无论是哪种传播方式，都有一种片面的单向性。随着互联网的出现，人们在互联网上可以发表个人评论。从某种程度上说，这种方式更能够展现更多人的思想和对事物的真实评价。

（3）免费

在互联网时代，各大网络巨头和商家为了赢得更多的用户，争相提供免费的产品，但这种免费只是相对而言的。对消费者来说，要想获得进一步的“权益”，就需要支付一定的费用。例如，腾讯给用户提供的一些付费页面装扮、游戏道具产品等。

（4）人性化

一般的产品已经无法满足人们的需求。在众多可供选择的产品中，人们会选择那些更加个性化、更加符合人们体验的产品，将消费者的体验作为营销的首要因素。

（5）数据驱动运营

商家不再只看眼前的利益，而是通过一些免费或其他有利于消费者消费的方式来搜集消费者信息，通过分析数据来满足消费者的需求，进而实现商家的营销目的。

（6）创新

创新是任何一个时代都不可缺少的能力，特别是在当今的互联网时代，如果企业缺乏创新，不论其曾经多么辉煌，也终将会没落。

（7）打破信息的不均衡性

在互联网时代，信息的传播更加及时、有效，人们可以足不出户地购买国外的产品，在一定程度上可以说，互联网帮助人们打破了信息不对称的状态。

传统企业必须要理解互联网经济的特征及其与传统经济不一样的地方，这样才能更好地迎接挑战。

1.2.2　互联网经济的特点

1. 用户至上

传统企业强调“消费者第一”，即商家只为付费的人提供服务。而互联网经济崇尚的是用户至上。在互联网中，很多产品不仅不要钱，还把产品的质量做得特别好，甚至是倒贴钱把产品提供给用户。例如，曾有两家打车软件，它们拼得不亦乐乎，乘客在客户端成功下单后，只要其中一家给乘客返 5 元代金券，另一家就返给乘客 10 元代金券。

很多传统企业都看不懂这种游戏规则。但互联网经济就是这样，如果不能汇聚海量用户，就很难建立有效的商业模式。所以在抢夺用户资源方面，互联网公司绞尽脑汁，使出十八般武艺。例如，2002 年前出现过的电子邮箱市场竞争，当时占据市场主导地位的 263 邮箱全面转向收费，结果用户纷纷放弃使用 263 邮箱，转向使用免费的网易邮箱。最后，263 邮箱的用户数量大幅下降，市场上已经很难看到 263 邮箱了。

2. 体验为王

如今，所有的产品高度同质化，产品想要胜出的决定性要素是用户体验。

在互联网时代，如果企业的产品或者服务做得好，好得超出消费者的预期，即使这家企业不在广告上投放一分钱，消费者也愿意在网上分享，免费为产品创造口碑，免费为公司做广告，甚至让产品变成社会的一个热门话题。过去，厂商把产品销售给消费者，拿到了钱，就希望消费者最好不要再来找自己。在互联网时代，比广告等各种营销更重要的是消费者在使用产品时的感觉。然而，在用户体验时代，产品被递送到消费者手里后，产品的体验之旅才刚刚开始。如果企业在产品体验方面做得好，消费者每天在使用它的时候就能感受到它的存在，这意味着产品每天都在产生价值。

3. 免费的商业模式

互联网中的商业模式包括电子商务、广告、增值服务等。这 3 种商业模式都有一个共同的前提，就是必须拥有一个巨大的、免费的用户群。在互联网中，只有将巨大的用户群作为基础，百分之几的付费率才能带来收入，才有可能产生利润。

4. 颠覆式创新

颠覆式创新越来越多地以两种形式呈现：一种是商业模式的创新；另一种是用户体验的创新。通俗地讲，商业模式的创新就是把原来很贵的东西变得便宜，甚至把原来收费的东西变成免费的。例如，淘宝、微信、360 的大部分产品采用免费使用的商业模式，包括互联网手机、互联网硬件，它们颠覆的威力非常强大。什么叫用户体验的创新呢？其实就是把一个过去很复杂的事情变得更简单。

对于消费者来说，企业要想做一个巨大的消费市场，如果能够降低门槛，一是资金的门槛，二是使用的门槛，往往能寻找到商机。

很多时候，从用户的角度出发，从身边出发，观察用户、观察供应链、观察上下游，你会发现还有很多复杂的问题没有被简化，很贵的东西没有变便宜或者出现免费的情况。这些没有被触发的领域里往往蕴含着颠覆式创新的机会。

1.3 新媒体崛起，营销变局

案例1-3

共享滑板车：被中国的“共享单车”颠覆的美国交通

2019 年，美国的官方经济网站统计数据显示，目前，在美国的共享经济市场中，最受欢迎的共享交通工具并非“共享单车”，而是共享电动滑板车，这种全新的共享交通工具恰恰是中国的“共享单车”对美国交通市场的颠覆。

2017—2018 年，中国市场内风生水起的“共享单车”被硅谷的创业者带入美国，但“共享单车”在美国一直处于低需求状态，即便结合了共享经济也未能打动消费者。于是各家“共享单车”公司开始将共享交通模式进行本土化创新，共享电动滑板车由此诞生。截至 2019 年年底，美国的共享经济市场已经涌现出 Bird、Lime、Skip、Spin 等多家企业，并且 Bird 和 Lime 这两家企业在两年内市场估值分别蹿升至 20 亿美元和 10 亿美元。不得不说，共享经济的本土化给美国的企业带来了巨大的发展契机。

共享电动滑板车之所以如此火爆，不仅因为滑板车本身在美国的受欢迎程度较高，更是因为美国人在这种共享经济模式后发现了一个全新的商机——充电。

自 2018 年，每当傍晚来临，美国的大街小巷就开始出现这样一群人，他们拿着手机通过 App 不停地寻找街边电量不足的 Bird 或 Lime 电动滑板车，甚至有人专门开车成批收集这些电动滑板车。回到家后，这群人会将 Bird 或 Lime 电动滑板车充上电，并在第二天早晨 6 点前将这些电动滑板车放回到街边，随后对充好电的电动滑板车进行拍照，将照片上传到相应的网站，而 Bird、Lime 等公司将支付这些人一笔可观的充电费用。

Bird、Lime 等公司的官方统计显示，公司最高曾一晚支付给一位客服高达 600 美元的充电“酬劳”。其中，Bird 电动滑板车最受欢迎，与 Uber 等大多数共享出行服务不同，Bird 的用户只需要提供个人信息、税务信息、银行信息以及个人地址就可以完成账户注册，这种简单的审核机制让更多的人加入“收费充电”的项目中，因此美国人还为他们起了个绰号，叫作“Bird Hunder”，可以简单地直接翻译为“Bird 猎人”。

对于大多数美国人而言，这是一种共享经济模式下衍生的“共享商机”。而对于 Bird、Lime 等公司而言，这是一种新的营销模式。正是因为 Bird、Lime 等公司的共享产品具备了这种商机，所以公司的知名度、用户体验会在短时间内连续提升几个等级。

我们再从美国共享电动滑板车的企业发展来分析，Bird 公司最初只为 17 家大学校园提供共享电动滑板车服务。在短短两年的时间内，其市场规模已经覆盖了美国 73 个城市，并且拥有近百个服务市场。

2018 年 5 月，Bird 公司完成了第一轮 1.5 亿美元的融资，它的估值更是超过了 10 亿美元。要知道，在 2018 年 2 月之前，Bird 公司的估值只有 3 亿美元，这家公司称得上是近年来美国的共享经济模式下发展最快的企业。

除 Bird 公司之外，Lime 公司也不甘示弱。Lime 公司在 2018 年年中获得了谷歌、雅虎等商业巨鳄领投的 2.5 亿美元融资，Lime 公司的估值同样超过 10 亿美元。在这两家公司的带领下，就连 Uber 等交通巨头企业也想在共享电动滑板车领域“插一脚”，2018 年 4 月，Uber 以 1 亿美元的高价收购了 Jump Bikes 公司，从此正式进入美国的共享电动滑板车领域。

共享电动滑板车以及其背后的共享充电业务，正是美国的交通市场在共享经济促进下出现较快发展的缩影。2019 年，中国的“共享单车”发展遇到瓶颈，美国的企业借鉴中国市场的发展，不断地优化美国交通行业，开创了共享出行市场的新局面。这种思维体现的不仅是商业能力，更是时代背后赋予共享经济的生命力。相信不久之后，美国的共享交通市场也会逐渐降温，届时该领域的企业将如何突破瓶颈，就要看 Bird、Lime 等公司对共享经济的全面理解与创新了。

◆ **天价代言费花落新媒体**

当下，视频直播、抖音、快手等平台涌现出诸多网络红人，其收入、代言费更是惊人。

例如，淘宝中的一名“网红”薇娅，其 5 小时视频直播“带货”就能实现成交额过亿的惊人成绩。李子柒更是成为全球知名“网红”。这些人不但能创造巨大的经济价值，更成为中国文化的全球传播者。

无论人们对他们的视频直播有何看法，他们的市场号召力都有目共睹。广告经销商之所以付出如此高昂的成本，正是因为他们看到了这些“网红”能够带来的巨大流量。

在新媒体时代，流量意味着曝光，曝光则意味着客流。随着新用户获取成本的逐年提升，人们开始想尽办法获取流量。如今的汽车消费市场，也正走上新媒体营销的道路。

1.3.1 新媒体改变了什么

与传统媒体相比，以微博、微信、今日头条为代表的新媒体究竟改变了什么?

曾经，一个地级市的舆论宣传可能由报纸、电台、电视台主导，但现在，任何一个新闻事件发生之后，该事件将在微博、微信、贴吧等平台中迅速传播，传统媒体也随之陷入迷惘:“大众都已知晓的新闻，我们还要做什么报道? ”

新媒体对传统媒体的改变，到底体现在哪些方面呢?

1. 时效性

传统媒体大多具有深入挖掘新闻事件的能力，但他们想要将新闻事件形成报道，却需要经过漫长的时间：采编、审核、发布。有时候，前一天中午的新闻可能在第二天的晨报上才能看到。但新媒体往往能够在第一时间发布消息，这种时效性不仅能够快速吸引用户的目光，也能与热点新闻结合，快速借势营销，让消费者在浏览热点新闻的同时关注到品牌营销的信息。

2. 非独家

传统媒体大多具有独家发稿的优势，能够对某一热点新闻进行独家报道，借此获得大量用户。但在新媒体时代，仿佛任何信息加上双引号之后就可以被引用，甚至点击一次“转发”，别人就可以进行二次传播。当舆论宣传不再独家，新媒体也就拥有了更多的“创作空间”，将热点新闻与营销信息结合，创造出属于自己的内容。

3. 多渠道

传统媒体的一大优势在于对传播渠道的占有。例如，电视之于电视台、广播之于电台、图书之于出版社。而新媒体则只需要拥有互联网这一渠道即可，任何互联网平台都能成为新媒体传播的渠道。例如，微博、微信、今日头条、贴吧、知乎、抖音、快手……

1.3.2 新媒体思维

在当今的互联网营销中，不具备新媒体思维是无法全面展开营销的。一般来说，比较重要的新媒体思维表现在以下 4 个方面。

1. 悬念制造思维

与传统媒体平铺直叙的报道不同，新媒体要善于制造悬念。悬念是吸引用户的关键，只有遵循逻辑思维，对故事进行铺垫和渲染，甚至融入镜头控制和心理分析，才能抓住用户的注意力。

2. 互利共赢思维

“免费”“抽奖”……大多数用户看到这些字眼都想参与。影响新媒体成败的有时不是内容，而是实实在在反馈给用户的红包或利益。

3. 借势热点思维

改变不了世界？寻找不到大新闻？但可以凭借热点新闻的关注度，通过寻找热点新闻与自己产品的共同点，让更多浏览热点新闻的用户关注自己的产品。

4. 角色转换思维

新媒体的角色不只是主持人，还是解说员，更是调解员，同时也是辩手。恰当的角色转换不仅能够引起关注者热烈的讨论，刺激双方进行互动，也能让新媒体更具有人情味，赢得更多用户的认可。

1.3.3　新媒体的发展趋势

现阶段的新媒体可以被形容为“人人皆为媒体”。而随着移动互联网、大数据等信息的迅猛发展，新媒体也必将进入全新的阶段，即“万物皆媒”的媒体智能化阶段。

1. 以机器为主导

过去的媒体都是以人为主导，无论是传统媒体还是新媒体，皆是如此。但随着智能化的发展，机器以及各种智能物体也都有媒体化的可能。当智能化的机器或其他物体与人的聪明才智相结合时，在二者的共同作用下，也将形成全新的媒体模式。

这种媒体模式不仅以机器为主导，而且基于智能机器的自我进化能力，智能化媒体同样具有这种能力。它们能够不断地洞察人心，为用户量身定制新闻，从新闻信息的采集、分析、编写等环节向用户推送即时、实用的信息。

2. 新设备与新感知

媒体智能化的发展离不开信息技术的迅速发展，尤其是 VR 和增强现实（Augmented Reality，AR）技术的快速发展。早在 2012 年，谷歌就推出了 AR 眼镜。随后，索尼、英特尔、三星、微软等企业也推出自己的 AR 眼镜系列产品。2017 年 6 月，搭载谷歌 AR 技术的华硕 ASUS ZenFone AR 正式上市，这是全球第一款 AR 手机，该款手机实现了 AR 导航功能。

2019 年 9 月，苹果公司的 iPhone11 正式发布，这款手机全面升级了 AR Kit 组件，被誉为苹果公司的产品中 AR 技术最成熟的代表。高盛甚至预言，到 2025

年，VR/AR 技术将可能产生高达 800 亿美元的盈收，如果发展快速，该数字甚至可能达到 1820 亿美元。

VR/AR 技术的发展，展现了机器对人的感知能力的增强。从媒体角度来看，这种感知能力的增强意味着机器能够更好地帮助新闻生产者洞察用户的需求，实现精准化的信息生产和推送。

1.3.4 政策营销借势新媒体

《南锣鼓巷脱胎换骨！铺面减三成，500 户居民自愿搬走……》《今天，这个大战略，已在北京和津冀地区加速展开！》《他们四次把投资客送走！操作简单、来钱快，为什么不要？》……看到这些标题，人们可能很难想到，这些都是出自《北京日报》关于习近平总书记视察北京三周年的“新航程”的系列报道。

随着新媒体的迅猛发展，政府、事业单位、国企等也开始借势新媒体进行政策营销，运用新媒体手段与用户进行交流与互动。

人民网为此专门发布评论《政务新媒体，互动当得体》。该文中提道：“移动互联时代的到来，让人人都有自己的麦克风，说话以及背后的说服，成了看似简单实则艰难的事，这对政务新媒体来说，尤是。”

1. 职能转变

借势新媒体进行政策营销，关键并不在于信息发布，而是在于传播效果。简单的一纸文件会让人感到陌生和高高在上，而借势新媒体，不同的传播形式却能应用更加丰富的传播手段。

2. 互动关系

以前的政策宣导只是单纯的“我讲你听”，但借助微博、公众号等平台，相关单位可以与网络用户直接互动，实现情感共鸣和情绪疏导的目标。

3. 目标提升

当政策营销与新媒体相结合时，其主要目的不再只是“把政策宣传好”，而是要树立角色意识和效果意识，把有意义的事做得“有意思”。

正如《人民日报》刊载的：“党建纪检工作不必是板着脸说教，还能变成指尖上的测试题；思想政治工作不应是‘灌输’，还可学学徐川讲故事；新闻宣传工作不能是各种‘要要要’的文件体，更应采用多种形式的理解包容地倾听、耐心理性地解答。”

1.4 大数据和云计算

案例1－4

城市交通中的大数据

所谓大数据，就是通过各种渠道采集到的大量数据，利用大数据技术对其进行深入分析，在明确市场现状和变化趋势之后，真正做到有的放矢。大数据不仅适用于网络营销，还有着广泛的应用。

目前，大数据技术已经被广泛应用于城市交通中。其中，高德是国内领先的数字地图内容、导航和位置服务解决方案提供商。高德领先市场的秘诀就是其拥有的全球定位系统（Global Positioning System，GPS）技术，每个 GPS 点由时间、经度和纬度 3 个字段组成。高德将这些 GPS 数据分为两大类：一是公众数据，来自用户上传的位置数据，既有高德地图 App 回传的数据，也有车载导航设备传回的数据；二是行业数据，通过置换或购买的方式，获取国内出租车、物流车、长途客车等车辆的位置数据。

据统计，超过 90% 的车辆会实时向高德后台的服务器回传 GPS 信息，使高德每月可收集的驾驶里程覆盖数高达 100 亿千米，系统平台上报的交通事件则多达 70 万件。正是依靠如此庞大的数据库，高德才能够对全国高速路网的交通信息进行即时发布。即使是城市主干道，高德也能发布 50% 以上的信息。

高德究竟是如何从如此庞杂的数据中挖掘出交通信息的呢？答案就在于它拥有的 GPS 技术，但高德拿到的却不只是一个点。每隔一分钟甚至几秒钟，高德就能从用户处获取一个 GPS 点，因此高德能够完整地重现用户的出行轨迹。与此同时，高德还会对这些轨迹进行切分，划分出明确的出发地和目的地，与其他地图数据匹配之后，高德就能依靠大数据技术挖掘出这些位置数据的应用价值。

说起来很简单，但实际操作起来却涉及数据的存储、运营、挖掘、应用等方面。用高德地图数据分析师的话来说："如果用武功来类比的话，挖掘和应用是一个招式，而存储和运营是内功方面的修为。"

在"内功"修炼方面，最重要的就是实时数据的管理和监控。面对全国实时上传的海量数据，高德必须对这些数据进行实时监控分析。哪些数据最可信？哪些数据异常？哪些数据需要校验？只有确定好其中的逻辑关系，才能开发出一套比较完善的自动化评测系统。由系统对交通信息进行监控，并在数据异常时及时报警。

用户对于地图类 App 的抱怨是信息不准确。例如，道路前方有交通事故，用户却没有提前接收到提醒；或者道路的拥堵状况已经排除，平台仍然引导用户绕路通行等。

为了快速响应用户的导航需求，高德每隔两分钟都会发布一次全国路网交通信息的最新情况。在这短短的两分钟之内，高德需要处理的位置数据高达 70 万条。

扎实的"内功"修炼赋予高德即时发布交通报告的底气。针对全国 40 多个城市的交通数据，高德每个季度都会发布交通报告，阐述城市最新的拥堵情况，并分析成因，包括政策、时间、天气因素等。依靠长期的城市交通数据，高德地图在为用户提供导航信息服务的同时，也能够将交通信息、路况信息和导航信息结合在一起，帮助用户避开拥堵。例如，北京的三环拥堵情况比较明显，那么，用户在使用高德地图进行导航时，高德就会自动为用户推荐经过四环的道路。从起点到终点，用户有多种方案可以选择，但大多数用户经常走的路线只有两三条，此时，高德地图则能依靠数据挖掘分析的手段，为用户提供最优的方案。

在通过产品为用户提供导航的同时，导航信息也会即时反馈给高德的大数据系统。例如，若用户走的路线在已有的地图信息中不存在，系统就有理由相信这是一条新路，高德则会在核实信息之后添加这条道路的信息；如果有一条道路的通车量较少，就有理由相信这条道路的路况存在问题，也许是路面颠簸、道路狭窄等原因，高德则会降低它在路线规划中的权重。

1.4.1 大数据时代

网络营销的基础是大数据的收集、获取、分析、整理和运用。

最早提出大数据时代到来的是全球知名咨询公司麦肯锡。麦肯锡称："数据已经渗透到当今每个行业和业务职能领域，成为重要的生产因素。人们对于海量数据的挖掘和运用，预示着新一波生产率增长和消费者盈余浪潮的到来。"大数据在物理学、生物学、环境生态学等领域以及金融、通信等行业的存在已有时日，只因近年来互联网行业的飞速发展而引起人们更多的关注。

大数据在互联网行业指的是这样一种现象：互联网公司在日常运营中生成、累积的用户网络行为数据。这些数据的规模非常庞大，截至 2012 年，数据量已经从 TB（1024GB = 1TB）级别跃升到 PB（1024TB=1PB）、EB（1024PB=1EB）乃至 ZB（1024EB=1ZB）级别。国际数据公司（International Data Corporation，IDC）的研究结果表明，2008 年全球产生的数据量为 0.49ZB，2009 年全球产生的数据量为 0.8ZB，2010 年全球产生的数据量为 1.2ZB，2011 年这个数据高达 1.82ZB，2011 年的这个数据相当于全球每人产生 200GB 以上的数据。而到 2012 年，人类生产的所有印刷材料的数据量是 200PB，人类历史上说过的所有话的数据量大约是 5EB。根据国际商业机器公司（International Business Machines Corporation，IBM）的研究，在整个人类文明所获得的全部数据中，有 90% 的数据是过去两年内产生的，而到了 2020 年，全世界所产生的数据规模将达到 2012 年的 44 倍，到时候，全世界每天会上传超过 5 亿张图片，每分钟就有 20 小时时长的视频被分享。然而，即使是人们每天创造的全部信息，包括语音通话、电子邮件和信息在内的各种通信，以及上传的全部图片、视频与音乐，其信息量也无法匹及每天所创造出的关于人们自身的数字信息量。

越来越多的政府、企业等机构开始意识到数据正在成为最重要的资产，数据分析能力正在成为核心竞争力。2012 年，联合国发布了《大数据政务白皮书》，此文件指出大数据对于联合国和各国政府来说是一次历史性的机遇。如今，人们可以使用极为丰富的数据资源，对社会经济进行前所未有的实时分析，帮助政府更好地响应社会和经济的运行情况。2013 年 3 月 22 日，奥巴马政府宣布投资 2 亿美元拉动大数据相关产业发展，将“大数据战略”上升为国家战略。奥巴马政府将数据定义为“未来的新石油”，并表示一个国家拥有数据的规模、活性及解释运用的能力将成为其综合国力的重要组成部分，未来对数据的占有和控制甚至将成为陆权、海权、空权之外的又一种国家核心资产。

2019 年 9 月，由大数据产业生态联盟联合赛迪顾问共同完成的《2019 中国大数据产业发展白皮书》隆重发布，经过 5 个月的时间针对国内 2000 余家大数据企业的调研，归纳出国内大数据市场爆发式增长趋势的十大爆发点，并揭晓了中国大数据投资价值的百强名单。大数据虽然孕育于信息通信技术的日渐普遍和成熟阶段，但它对社会经济生活产生的影响绝不限于技术层面。本质上，它为认识世界提供了一种全新的方法，即决策行为将日益基于数据分析，而不是像过去那样，更多凭借的是人的经验和直觉。智能电网、智慧交通、智慧医疗、智慧环保、智慧城市等领域的蓬勃兴起，都与大数据技术及应用的发展息息相关。

1.4.2 云计算

云计算（Cloud Computing）是一种基于互联网的计算方式，通过这种方式，共享的软硬件资源和信息可以按需提供给计算机和其他设备。典型的云计算提供商往往提供通用的网络业务应用，可以通过浏览器等软件或者其他全球广域网（Web）服务来访问，而软件和数据都存储在服务器上。云计算服务通常提供通用的通过浏览器访问的在线商业应用，软件和数据都可以存储在数据中心。

最简单的云计算技术在网络服务中随处可见。例如，搜索引擎、网络信箱等，使用者只要输入简单的指令即可获取大量信息。而在未来的云计算服务中，云计算不仅可以处理资料搜集的工作，还可以为用户提供各种数据分析等服务。通过云计算，人们利用身边的计算机和网络就可以在数秒之内处理数以千万级甚至亿级的信息，得到和超级计算机同样强大效能的网络服务，获得更多、更复杂的信息计算的帮助。例如，分析脱氧核糖核酸（DNA）的结构、基因图谱排序、解析癌症细胞等。对大众而言，在云计算的应用中，未来的手机、GPS 等移动装置都可以更新出功能强大、目不暇接的各种应用与服务。

云计算包括以下几个层次的服务：基础设施即服务（Infrastructure as a Service，IaaS）、平台即服务（Platform as a Service，PaaS）和软件即服务（Software as a Service，SaaS）。

（1）IaaS

消费者通过互联网可以从完善的计算机基础设施中获得服务。IaaS 为消费者提供的能力是提供处理能力、存储能力、网络和其他基本计算资源，消费者可以使用这些资源部署或运行自己的软件，例如，操作系统或应用程序。消费者虽然无法管理和控制底层云基础设施，但可以控制操作系统、存储、部署的应用程序或有限的网络组件控制权。

（2）PaaS

PaaS 实际上是指将软件研发的平台作为一种服务，以 SaaS 的模式提交给用户。因此 PaaS 也是 SaaS 模式的一种应用。但是 PaaS 的出现可以加快 SaaS 的发展，尤其是加快 SaaS 应用的开发速度。PaaS 改变了传统的应用交付模式，促进了分工的进一步专业化，为开发团队和运维团队提供了更好的服务，这将极大地提高未来软件交付的效率。

（3）SaaS

SaaS 是一种通过互联网提供软件的模式，用户无须购买软件，而是向提供商租用基于 Web 的软件来管理企业的经营活动。

1. 云计算的优势

（1）安全

云计算提供了可靠、安全的数据存储中心，用户不用再担心数据丢失、病毒入侵等状况。

（2）方便

云计算对用户端的设备要求较低，使用起来很方便。

（3）数据共享

云计算可以轻松实现不同设备间的数据与应用共享。

（4）无限可能

云计算为用户使用网络提供了无限可能。

2. 公共云和私有云

（1）公共云成本较低

公共云是基础的服务，多个消费者可共享一个服务提供商的系统资源，他们无须架设任何设备及配备管理人员便可以享有专业的 IT 服务，这对于一般创业者、中小企业来说，无疑是一个降低成本的好方法。

（2）私有云的特点

① 安全

私有云的服务对象被限制在企业内部，因此私有云的建设、运营和使用都是在企业内部完成的，对外不提供公开接口，这种形式相对更安全。

② 成本固定

云环境通常是根据每单元的存储量来收费的。用户只需根据服务水平协议对实际使用的部分付费，而不是根据分配的空间或者某一标准付费。

③ 可用性

在用户需要时，空间能够被及时分配，并且在用户使用后被及时收回。

④ 服务质量

服务质量需要有详细的服务水平描述并要严格参照执行。

架设私有云是一项重大投资，企业需要自行设计数据中心、网络、存储设备，并且拥有专业的顾问团队。一般情况下，大企业更倾向于构建私有云网络。

1.4.3 云计算和物联网

物联网将数以亿计的网络传感器嵌入现实世界的各种设备中。例如，移动电话、智能电表、汽车、工业机器等，用来感知、创造并交换数据，无处不在的网络带来了大量的数据，这些数据正日益成为与实物资本、人力资源同等重要的生产要素。

与此同时，云计算为物联网产生的海量数据提供了很好的存储空间，并使实时在线处理信息成为可能。特别是云计算概念衍生出的新概念——云存储，可以通过集群应用或分布式文件系统等功能，将网络中大量不同类型的存储设备通过应用软件集合起来协同工作，共同对外提供数据存储和业务访问服务。

云计算是物联网发展的基石，物联网又促进着云计算的发展。在大数据时代，二者的融合发展必然能推动数据价值的进一步显现。物联网的最新应用的发展方向无疑是“互联网 + 汽车”的车联网系统。

1.4.4 云计算和人工智能

半个多世纪前的某个夏天，麦卡锡、明斯基等科学家聚在一起，共同探讨用机器模拟智能的问题，也正是那时，人工智能（Artificial Intelligence，AI）的理念被正式提出。

时至今日，在大数据、云计算等信息技术的快速发展中，以人工智能为核心的新一轮变革也正在拉开序幕。

这轮时代变革的开幕大戏，正是谷歌开发的阿尔法围棋（AlphaGo）。2016 年 3 月，阿尔法围棋战胜世界围棋冠军李世石；2016 年年底，该程序在中国棋类网站上连胜 60 局快棋；2017 年 5 月，阿尔法围棋战胜世界排名第一的围棋冠军选手柯洁。自此，围棋界公认阿尔法围棋的棋力超过人类职业围棋的顶尖水平。

20 年前，当计算机战胜国际象棋时，人类还能自豪地说：“在围棋领域，计算机是不可能战胜人类的。”但在短短 20 年间，这种不可能已变为现实。之所以如此，正是因为云计算技术的快速发展。2006 年，人工智能的发展遇到重大拐点，正是在这一年，随着数据量的大幅增长，云计算技术开始发展，而人工智能的关键技术——“深度学习”也由此诞生。

云计算是人工智能的基础。“深度学习”需要训练各种算法，这就需要一个强大的计算机集群，甚至将数万台机器连在一起构建“深度学习”网络。谷歌的人工智能引擎 TensorFlow 就是这样一套系统。该系统可以用来编写各式各样的算法，包括深度神经网络模型的训练、干扰算法等。如今，TensorFlow 已经被应用到十几种计算机科学及其他学科领域，无论是语音识别、机器视觉、机器人，还是辅助药物设计，TensorFlow 都能发挥出巨大的效用。

云计算重新定义了信息技术（Information Technology，IT），大数据重新定义了资产。也正是在这二者的基础上，人工智能才得以重新定义效率。

阅读静思

1.互联网对传统产业的冲击表现在哪些方面？

2.互联网思维有哪些表现形式？新媒体思维具体如何应用到生活中？

3.云计算的兴起为网络营销带来了哪些变化？

4.大数据、云计算与人工智能在哪些方面改变了我们的生活和营销方式？

第 2 章

洞察网络营销本质，让营销化繁为简

要点导读

1.了解市场、消费者及资源的概念

2.掌握市场、消费者、资源与网络营销之间的本质关系

案例2-1

透过“共享单车”，挖掘交通领域网络的营销本质

“共享单车”是近年来交通领域中最热门的新领域之一。摩拜、哈罗、青桔……诸多品牌让自行车行业忽然焕发生机，城市交通呈现全新变化。这些“共享单车”品牌无一例外都通过“互联网”切入市场，从而形成全新的共享经济，为交通领域带来了全新的网络营销思路。

网络营销是指基于互联网平台，利用信息技术与工具满足企业与消费者之间交换概念、产品、服务的过程，通过在线活动创造、宣传、传递消费者价值，并对消费者关系进行管理，以达到营销的目的。

网络营销的本质可以简单地概括为“信息流量、再分发”，其中关键的影响因素包括：市场、消费者、资源和工具。通过对 O2O 的解读，我们可以找到交通领域的网络营销模式。

首先，要从用户体验的角度，挖掘网络营销消费者与工具的特点。

对于“共享单车”的用户来说，只需要在客户终端上下载“共享单车”品牌的App，注册后即可轻松使用“共享单车”。凭借用户手中的智能终端及第三方支付渠道，几乎所有用户都可以“轻松一扫”完成注册。学生用户还可以通过学生证或校内邮箱等进行实名验证，获得免费用车的福利。这种快捷式的用户体验正是互联网营销的关键所在。

在互联网“共享单车”普及之前，部分城市也曾推行过类似的“共享单车”，但

多数产品需要用户前往指定办理点进行注册，提交身份证、当地居民证等资料与文件，办理的程序较为复杂。所以多数城市的绿色交通出行用户体验差强人意，并没有对市场产生多大的影响。

反观发展较好的“共享单车”商家，他们会举办各类丰富的活动，例如，抽奖获得免费骑行券等。这种较完善的用户体验，让营销更加简洁、高效，为品牌推广奠定了坚实的群众基础。

同时，由于互联网的开放性、关联性，部分“共享单车”公司已不只是独立发展的公司，它们还会通过与其他品牌合作，进一步提升用户的体验效果。

用户使用“共享单车”时的便捷度，同样与互联网有着密切关联。用户只需在手机上打开“共享单车”官方 App 或支付宝 App，通过扫描二维码即可随时使用“共享单车”，其灵活使用的特点体现得淋漓尽致。凭借“共享单车”的网络营销特质，“共享交通”的理念已经在全民心中扎根。

首先，提升用户的体验度，最大限度地满足用户“灵活使用、快捷付费”的需求，让营销更简洁是网络营销的重要特点。如果不能结合移动互联网的快捷高效，网络营销将很难走出关键一步。

其次，再来看看“共享单车”的运营商使用的营销渠道，它同样紧扣“网络”二字，以此实现资源的整合、市场的整合、消费者的整合。

随着微博、微信的兴起，互联网进入“社交媒体”时代，互联网不再只是网络用户获得信息的工具，而是成为生活的组成部分。在宣传时，“共享单车”的运营商将营销的重点放在社交媒体的运营上，利用社交媒体邀请好友可获得红包、定期免费骑行、与公益组织进行合作等多种模式来扩大用户规模。同样，类似的活动在其他“共享单车”的品牌身上都有相应的体现。

打通社交平台，让骑行不再只是单纯的骑行，变成“可分享的活动”。这种方式不仅能够体现用户热爱绿色出行，还能够通过分享体验获得其他服务，这是网络时代营销的重要手段。

在网络营销时代，产品不再局限于产品本身，而是构建场景的必备工具。场景一词的提及率之所以越来越高，是因为它可以赋予产品新的内涵，并借助社交平台快速传播。因此渠道的整合更加完善，很容易形成爆发式传播，从而引爆整个互联网。与此同时，不断派发的红包、优惠券，进一步聚合用户，满足用户获得优惠的心理。这些营销手段，通过微信、微博、支付宝等多种渠道展开，很容易让用户养成消费习惯。一旦用户的这种消费习惯养成，品牌的社群效应便会迅速形成。

通过“共享单车”的运营模式，我们可以看到：紧扣网络“快捷、高效、便于分享”的特点，借助红包等手段，创造场景化应用氛围，正是网络营销的核心。而这也是一大批倒闭的“共享单车”运营公司所缺乏的，它们缺少互联网应用场景建设、缺乏社交平台运营，单纯依靠资本堆积很难成功。

网络营销可以通过互联网创造更加先进的营销理念、更为有效的市场细分、更富效率的渠道策略，对促销策略、产品价格、分销策略、服务及创意等进行更有效的规划和实施，创造满足个人和组织需求的网络交易，为消费者创造更大的价值。

2.1 市场

人们早已熟知，市场营销的对象是市场。而随着网络经济时代的到来，这一研究对象发生了巨大的变化，网络虚拟市场有别于传统市场，其竞争规则和竞争手段发生了根本性的变化，企业必须重新审视网络虚拟市场、调整思路、树立新的观念、开创新的思维、研究新的方法。

2.1.1 网络市场的含义及特征

1. 网络市场的含义

网络市场是以现代信息技术为支撑，以互联网为媒介，以信息瞬间形成、即时传播、实时互动、高度共享为特征的交易组织形式。它由互联网上的企业、政府组织和网络消费者组成，是企业开展网络营销活动的空间，又称电子虚拟市场或网络虚拟市场。网络市场的经营范围不受空间制约，经营时间不受限制，无实体商铺投资成本，无库存经营模式，营销环节以精简为特征。

2. 网络市场的特征

（1）无店铺的经营方式

处于网络市场中核心位置的是虚拟商店，它不需要实体店铺，不需要装潢等实际材料，更不需要摆放实体货品和店里常驻的服务人员，它使用的媒体中介为互联网。

（2）无存货的经营模式

网上商店的经营模式是可以在接到消费者订单之后，再向厂家订货，基本不需要存货的环节。

（3）成本低廉的竞争策略

网络市场上的虚拟商店，其成本主要包括网站建设成本、软硬件费用、网络使用费以及之后的设备维护费用。它通常比普通商店的经营成本要低得多。这是因为普通商店需要支付昂贵的店面租金、装潢费用、日常水电费、人事管理等费用。

（4）无时间限制的全天候经营

网络市场上的虚拟商店不需要雇佣经营服务人员，也可以摆脱因员工疲倦或缺乏训练而引起的消费者不满等状况。网络市场的每天 24 小时、一年 365 天的持续营业的特征对于平时工作繁忙而无暇购物的人来说具有很大的吸引力。

（5）无区域界限的经营范围

互联网创造了一个即时可用的全球社区，它消除了与其他国家消费者做生意的时间和地域障碍。

（6）精简化的营销环节

网络技术的发展使消费者的个性化需求成为可能，消费者由原来的被动接收转变为主动参与，消费者不必等待企业的帮助就可以自行查询产品的信息，还可以根据个人的具体需求下单，参与产品的设计制造和更新换代，简化企业的营销环节。

总之，网络市场具有传统的实体化市场所不具有的特点，这些特点正是网络市场的优势所在。

2.1.2 网络市场的发展

据专家分析，1999—2001 年是中国的电子商务由起步迈向发展的阶段，从 2003 年开始，中国的电子商务步入快速发展时期。中国的电子商务的发展从大城市向中小城市迅速扩展。

2008 年，中国的电子商务进入创新发展时期，具有中国特色的电商模式开始占领市场，国内市场平台化局面基本成型。

2018 年，中国的电子商务进入成熟的、平稳的发展阶段，电商的行业规模、电商的发展趋势与全球市场接轨、同步，中国的电商行业开始影响世界电商的格局。

由此可见，网络营销是商家的必然选择，是新时代经济发展的使然，网络市场是极具潜力的新兴市场。

1. 网络市场的演变

从网络市场交易的方式和范围来看，网络市场经历了以下 3 个发展阶段。

（1）生产者内部网络市场阶段

这一阶段的基本特征是工业界内部为缩短业务流程时间和降低交易成本，采用电子数据交换系统所形成的网络市场。

（2）国内的、全球的生产者网络市场和消费者网络市场

如果从市场交易方式的角度来讲，这一阶段也可称为“在线浏览、离线交易”的网络市场阶段。其基本特征是：企业在互联网中建立一个网站，将企业的商品信息发布在网上，供所有消费者浏览，以促进商品的销售。

（3）数字化、信息化、电子化的网络市场

这是网络市场发展的最高阶段，其基本特征是：虽然网络市场的范围没有发生实质性的变化，但网络市场的交易方式却发生了根本性变化，即由“在线浏览、离线交易”演变为“在线浏览、在线交易”。网络不仅用来发布信息，还可以实现在线交易。

这一阶段到来的前提条件是产品和服务的流通过程、交易过程、支付过程实现

数字化、信息化。其中，最为关键的是支付过程的电子化，即电子银行、电子支付系统的标准化及其可靠性和安全性。

2. 网络市场的现状

从网络市场交易的主体来看，网络市场可以分为企业对消费者、企业对企业、国际性交易 3 种类型。企业对消费者的网络营销基本上等同于电子化的零售商业。企业对企业的网络营销是指企业使用互联网向供应商订货、签约、接受发票和付款（包括电子资金转移、信用卡、银行托收等），以及商贸中的其他问题（例如，索赔、商品发送管理、运输跟踪等）。国际性的网络营销是不同国家之间企业对企业或企业对消费者的电子商务。

从网上交易的业务类型来看，网络市场主要包括以下 5 个方面。

（1）有形商品销售，交易双方先在网上交易，然后送货上门。例如，书籍、花卉、汽车、服装等产品。

（2）在网上销售数字化的商品和服务，使消费者直接得到视听等享受。目前，这种类型主要销售的有音乐、电影、游戏等产品。

（3）银行、股票、保险等金融业务。

（4）广告业务。

（5）交通、通信、卫生服务、教育等业务。

3. 网络市场的趋势

随着互联网的迅速发展，集计算技术、网络技术和信息技术为一体的网络营销已对传统的贸易方式形成巨大的冲击，并以其快捷、方便、高效率和高效益的显著优势成为 21 世纪国际、国内贸易的主要方式。在不久的将来，一个全新的、无接触式的、虚拟的“电子空间市场”时代即将到来，它最终将在市场中占有重要的位置。

（1）互联网技术逐渐走向成熟，企业间或企业与个人之间的电子网络已加速普及。

（2）各国政府大力支持加快信息化建设，采取了各种适合本国的措施。

（3）世界经济呈现全球化和网络化。

（4）全球消费者的网络购物习惯和生活方式正在快速形成。

（5）“电子空间市场”已成为诱人的、高利润的投资方向。

随着信息时代的到来，人类的生产方式与生活方式将以开放型和网络型为导向，这是社会发展的必然结果。21世纪将是一个全新的、无接触式的、网络化的市场时代，网络营销将是每个商家的必然选择。

2.1.3 网络营销目标市场分析

一般情况下，一家企业不可能满足所有消费者的需求，尤其是在激烈的市场竞争中，企业更应该集中力量，有效地选择自己的目标市场，并结合自身条件制订出最佳的市场营销策略。

19世纪50年代，美国著名的市场学家温德尔·史密斯（Wendell R.Smith）提出了市场细分的概念，这为企业选择目标市场提供了理论基础。

1. 市场细分的概念

网络市场细分是指企业在调查研究的基础上，依据网络消费者的需求、购买动机与习惯爱好的差异性，把网络市场划分成不同类型的消费群体的过程。每个消费群体构成企业的一个细分市场（也称子市场或亚市场）。网络市场细分以可营利性、可实现性、可衡量性为原则。

网络市场可以被细分成若干个子市场，每个细分市场都是由需求有较多共同特性的消费者组成。在同一个细分市场内部，消费者的需求大致相同，而不同细分市场之间则存在着明显的差异。企业可以根据自身条件，选择适当的细分市场作为目标市场，并以此拟订本企业的最佳网络营销方案和策略。

网络市场细分的方法主要有4种：完全无细分、完全细分、按一个影响需求因素细分和按两个以上影响需求因素细分。

可供选择的市场覆盖策略模式主要有5种：市场集中化、产品专业化、市场专业化、选择专业化、市场全面化。

2. 网络市场细分的作用

网络市场细分是企业进行网络营销的一个非常重要的战略步骤，是企业认识网络市场、研究网络市场进而选择网络目标市场的基础和前提。具体来说，网络市场细分有以下 3 个方面的作用。

（1）有利于企业发掘和开拓新的市场。

（2）有利于制订和调整营销方案，增强企业的应变能力。

（3）有利于集中使用企业资源，取得最佳营销效果。

3. 网络市场细分的依据

一种产品的整体市场之所以可以细分，是由于消费者或用户的需求存在差异。引起消费者需求差异的变量有很多，在具体的实践中，企业一般是组合运用有关变量来细分市场，而不是单一采用某一变量。

（1）消费者市场细分依据

总体来说，细分消费者市场的变量主要有四大类，即地理变量、人口变量、心理变量和行为变量。市场细分要素说明见表 2-1，以这些变量为依据来细分网络市场就产生了地理细分、人口细分、心理细分、行为细分等基本形式。

表 2-1　市场细分要素说明

细分要素	细分变量举例
地理	国家、地区、城市规模、ISP（互联网服务提供商）域名、资源状况、气候等
人口	年龄、性别、民族、居住地、家庭规模、生命周期等
心理	个性、价值观、兴趣等
行为	购买时机、方式、频率和数量，价格敏感程度，品牌忠诚度等

① 地理细分

地理细分是指按照消费者所处的地理位置、自然环境来细分市场。例如，根据国家、地区、城市规模、气候、人口密度、地形地貌等方面的差异将整体市场分为不同的细分市场。

地理变量之所以作为市场细分的依据，是因为处在不同地理环境下的消费者对于同一类产品往往有不同的需求与偏好，消费者对企业采取的营销策略与措施会有不同的反应。

地理变量易于识别，是细分市场应该考虑的重要因素，但处于同一地理位置的消费者需求仍会有很大的差异。所以只是以某一地理特征来区分市场，不一定能够真实地反映消费者的需求共性与差异。企业在选择目标市场时还需结合其他细分变量予以综合考虑。例如，腾讯从不同地域用户对麻将的不同游戏规则入手，推出了广东麻将、四川麻将、武汉麻将、长沙麻将、上海麻将、陕西麻将、长春麻将、天津麻将等，从而满足用户的不同需求，进而带给用户较好的娱乐互动体验。

地理细分常用的变量见表 2-2。

表 2-2　地理细分常用的变量

细分变量	典型分类
地理区域	东北、华北、华中、华南、西北、西南、华东等
城市规模	特大城市、大城市、中型城市、小城市等
地理气候	热带气候、亚热带气候、温带气候、寒带气候等
城乡区域	城市、乡镇、农村等

② 人口细分

人口细分是指按人口统计变量来细分市场。例如，年龄、性别、职业、受教育程度、家庭收入、家庭规模、民族等。消费者需求、偏好与人口统计变量有着密切关系。人口细分的常用变量见表 2-3。

表 2-3　人口细分的常用变量

细分变量	典型分类
年龄	6 岁以下、6~11 岁、12~20 岁、21~30 岁、31~40 岁、41~50 岁、51~60 岁、60 岁以上
性别	男、女
职业	学生、工人、农民、教师、公务员、家庭主妇、退休者、自由职业者等
受教育程度	博士、硕士、本科、大中专、高中、小学及以下
家庭月收入	1000 元以下、1001~2000 元（包括 2000 元）、2001~5000 元等
家庭规模	1~2 人、3~4 人、5 人以上
民族	汉族、藏族、回族等

人口统计变量比较容易衡量，有关数据相对容易获取，因此企业经常将它作为市场细分的重要依据。实际上，大多数企业通常采用两个或两个以上人口统计变量

来细分市场。例如，中国移动的市场细分，中国移动通过综合消费者的年龄、收入、消费量等因素，将增值业务市场细分为下面几类消费群：21 岁以下的年轻消费群，他们的增值业务消费量较低，消费潜力巨大；21~24 岁的年轻消费群，他们追求时尚、有趣、个性化消费；25~35 岁年龄段消费群，他们的消费能力比较强，对新闻、财经、商务等消费有需求，对手机上网、移动商务等业务感兴趣；35 岁以上消费群，这部分人收入稳定，消费能力和支付能力较强，思想略显保守，不太喜欢增值业务，偏重传统的话音业务，增值业务量较小。

③ 心理细分

心理细分是指根据购买者所处的社会地位、生活方式、个性特点等心理因素来细分市场。识别不同社会地位的消费者所具有的不同特点，将给很多产品的市场细分提供重要的参考。例如，在大城市，青年消费者中的白领和蓝领阶层的购买动机有着明显差别。

在营销实践中，人的心理活动对营销效果影响较大的产品或服务有医药品、保健品、时尚产品、较特别的生活服务项目等。例如，社区网络服务（Social Network Site，SNS）社区市场细分，根据用户的生活方式这一心理细分变量，可以把 SNS 的用户市场细分为上班族的 SNS 用户和学生 SNS 用户。上班族需要在工作之余放松心情、娱乐休闲或者利用网络进行商务来往；学生族则主要依靠 SNS 社区联络老同学、展示自我、学习分享，并且学生们的线上行为、线下行为、生活规律、情感互动等都有类似的特征。腾讯根据用户的不同兴趣将其小型网络游戏分为舞蹈类的“QQ 炫舞”、赛车类的“QQ 飞车”、音乐类的“QQ 音速”、战争类的“QQ 三国”等，通过这种方式满足不同用户的不同需求。心理细分的常用变量见表 2-4。

表 2-4　心理细分的常用变量

细分变量	典型分类
生活方式	传统型与新潮型、节约型与奢侈型、保守型与前卫型等
性格	理智型、冲动型、交际型、独处型、进攻型、自卫型等
价值观	进取型、传统型、助人型、温情型、享乐型、创造型等

④ 行为细分

行为细分是指根据购买者对产品的了解程度、态度、使用情况、反应等将他们划分为不同的群体。许多人认为，行为变量可以更直接地反映消费者的需求差异，因而其成为市场细分的最佳依据之一。

行为变量主要包括：消费者的购买时机和频率、追求利益、使用者状况、使用数量、品牌忠诚度、使用习惯和态度。其中，使用者状况通常分为经常购买者、首次购买者、潜在购买者和非购买者；使用数量通常分为大量使用者、一般使用者和少量使用者。消费者行为的细分变量见表 2-5。

表 2-5　消费者行为的细分变量

细分变量	典型细分
购买时机和频率	经常购买、节日购买、特别情况购买、规则购买、不规则购买等
追求利益	廉价、实惠、安全、刺激、新奇、健康、奢华等
使用者状况	从未使用者、曾经使用者、潜在使用者、初次使用者、经常使用者等
品牌忠诚度	完全品牌忠诚者、几种品牌忠诚者、无品牌忠诚者等
使用习惯	上网场所、在线时间、接收设备、接入速度、关注行业等
态度	热情、肯定、无所谓、否定、敌视等

（2）生产者市场细分依据

许多用来细分消费者市场的标准，同样可用于细分生产者市场。例如，根据地理、追求的利益、使用率等变量细分。但由于生产者与消费者在购买动机与行为上存在差别，所以生产者市场除了运用前述消费者市场细分的标准之外，还可用一些新的标准来细分。

① 用户规模

在生产者市场中，大消费者数量少，但每次购买量很大，而中小消费者数量多，但每次购买量较小。用户规模不同，企业的营销组合方案也应有所区别。

② 最终用户

在生产者市场中，依据产品的最终用户细分企业用户群，在于强调某个产品在某个行业的最终用途。企业分析产品的最终用户，就可以针对不同用户的不同需求来制订不同的营销策略。

③ 企业购买状况

根据企业的购买方式来细分市场。企业购买的主要方式包括直接重复购买、间接重复购买及新任务购买。根据不同购买方式的采购程度、决策过程等，可将整体市场细分为不同的子市场。

（3）网络市场细分的原则

实现网络市场细分化，并不是简单地把消费者归为需求相同或需求不同两类，而是要注重其实际性和有效性，因此网络市场细分必然要遵循一定的原则。

① 可衡量性

可衡量性是指表明消费者特征的有关资料的存在或获取这些资料的难易程度。也就是说，细分出来的市场不仅范围比较明确，而且能够大致判定该市场的大小，有其容易认识的组成人员、共同特征，表现出类似的行为，并且有可能取得表明购买特性的资料。例如，当以地理因素、消费者的年龄、经济状况等因素进行市场细分时，这些消费者的特征就很容易衡量，也比较容易获得相关资料；当以消费者心理因素和行为因素进行市场细分时，其特征就很难衡量。

② 实效性

实效性是指网络市场细分后各子市场的需求规模及获利性值得企业进行开发的程度。也就是说，细分出来的各子市场必须大到足以使企业实现它的利润目标。这取决于市场的人数和购买力。

在进行市场细分时，企业必须考虑细分市场中消费者的数量、购买能力和购买数量。一个细分市场应该是适合设计一套独立营销计划的最小单位，因此市场细分并不是分得越细越好，而应该科学归类，保证足够的容量，以企业有利可图为目标。

③ 可接近性

可接近性是指企业能有效地集中力量接近网络目标市场的程度。企业对所选中的网络目标市场能有效地集中营销能力，开展营销活动。

可接近性一方面是指企业能够通过一定的媒体把产品信息传递给细分市场的消费者；另一方面是指产品能通过一定的渠道到达细分市场。

④ 反应的差异性

反应的差异性是指不同的细分市场对企业采用相同营销策略组合的不同反应程度。如果网络市场细分后，各细分市场对相同的营销组合策略做出类似的反应，就不需要为每个子市场制订一个单独的营销组合策略，细分市场也就失去了意义。

⑤ 稳定性

稳定性是指网络细分市场必须在一定的时期内保持稳定，以使企业制订长期的营销策略，有效地开拓并占领该目标市场，获取预期收益。若细分市场变化过快，将会增加企业的经营风险。

值得注意的是，细分市场并不是越细越好。因为如果市场细分过细，将会导致以下几种后果：一是增加细分变量，给细分市场带来困难；二是影响规模效益；三是增加成本。这时就应该实施“反细分化”策略。“反细分化”策略并不是反对市场细分，而是要减少细分市场的数目，即略去某些细分市场或把几个特小的细分市场集合到一起。

4. 网络市场细分的步骤

市场细分是一个连续的过程，任何一个环节的舍弃与割裂都有可能破坏市场细分的有效性。

（1）识别市场细分目标

企业在进入市场前应从消费者和企业自身两个角度来识别市场细分目标。例如，消费者对这种产品、服务或该行业的了解有多少，他们愿意进入该行业的兴趣有多大，这是一款新产品还是已有产品；市场细分研究的目的是什么，是增加已有消费者对产品的忠诚度、吸引新的消费者，还是将消费者从竞争对手中争取过来；企业管理者对现有市场结构的看法如何，企业的人力、物力、财力、技术开发能力如何等。

（2）确定细分变量，收集并分析数据

这个阶段是在识别市场细分目标的基础上对每个细分市场中的消费者特征进行

深入分析，从而在市场的性质和数量层面掌握消费者的需求。

确定基础变量是市场细分过程中最重要的一步。网络企业可以从消费者的心理、行为习惯、人口因素、地理因素等方面进行细分。但在很多情况下，为了比较精确地显示一个市场的差异，企业往往要使用多种细分依据，考虑多种变量的影响。网络企业要尽可能选择消费者心理、行为习惯等方面的变量。

市场细分是否准确，收集、分析数据是关键。网络企业要进行广泛的调查研究，从而获得有效的、实用的数据和资料。

(3)评估细分市场

评估细分市场就是根据前期调查的信息(例如，市场的规模、性质、竞争状况、变化趋势等)，对各个细分市场的经济可行性进行分析、评价。这时，对各个细分市场有一个较清晰的轮廓，可按一定的方式和标准来比较各个子市场的现状及特点，准确分析各个子市场的价值及风险。

(4)选择细分市场

这一阶段是将细分市场的利益和目标进行分析比较，评价其投入及产出效率，从而选择适合企业特点的细分市场，为企业制订营销策略、进入目标市场打下坚实的基础。

5. 网络市场定位

网络市场定位是指企业为产品或服务确定某些方面的网络市场地位，使本企业的品牌在目标市场消费者中形成某种区别于竞争者的形象，从而使企业更好地适应消费者的需求，巩固消费者的关系。在同类产品或服务项目较多、供应市场竞争比较激烈的情况下，企业向目标市场推出的产品或服务项目就需要进行市场定位。价格、档次是市场定位的两个基本参数。同时，不同的产品和服务可以采用更具体的参数或技术标准，例如，价格、质量、功能、外观、使用方法、售后服务等。

网络市场定位通常包括特色定位、利益定位、应用定位、使用者定位、竞争者定位、产品类别定位、质量或者价格定位。

2.2　消费者

案例2-2

高德与凯立德：如何抓住消费者的心

大数据时代产品的网络属性不仅体现在“互联网功能”，更在于它创造了一个全新的网络交流闭环：消费者不仅可以通过互联网享受产品，还可以通过互联网进行信息交流、反馈，传统的消费者调查、意见收集已经全方位被颠覆。消费者成为互联网的一部分，与交通产品等共同构成闭环信息系统，信息服务提高到新的层次，这是网络营销时代交通领域呈现的新变化。

以互联网导航地图的高德品牌为例，为什么相对于老品牌导航系统凯立德，如今高德品牌的人气更高？其根本原因就在于高德通过互联网牢牢抓住了用户的心，具体表现在以下几个方面。

1. 快速升级

地图是用户出行时使用的硬需求，尤其在进入陌生城市、陌生区域时，它需要时时为用户提供服务。随着城市建设的不断加速，各个地区的街道变化很快，导航地图只有在第一时间进行数据升级，才能满足用户需求。高德地图每天都会根据城市的数据变化及时调整线路，更新其数据库。这一快速升级的特点满足了用户的实际需求。

2. 大数据预测

随着城市建设的不断加快，如今多数城市面临着路面交通压力较大的情形。所以提前对线路状态进行预判、为用户提供合理的出行线路、及时进行线路调整是导航功能需要即时优化的几个方面。而每个高德用户就是“移动的数据源”，高德产品的 App 可以及时捕捉车辆的路线状况，同时邀请用户及时上传道路信息，通过大数据技术对这些信息进行整理、分析，并及时为其他用户发布最新的信息，有效调整线路。这样一来，用户对于高德的依赖度就会越来越高。用户的使用习惯一旦养成，该款软件就会成为用户手机上的常用软件。

3. 个性化服务

如今，个性化服务也日益成为高德地图的亮点。例如，语音播报让明星进行解说，这样会借助名人的“光环效应”吸引用户，进而使其接触到高德品牌的其他功能。此外，用户还可以提前设定上班、下班等个性化定制服务，同时提前收到道路是否拥挤等路况信息，以此进行线路调整和规划。

相较于以上几点，凯立德品牌的导航系统依然停留在过去的模式上，软件升级需要前往实体店或指定店面，甚至需要交纳一定的费用。无论是经济成本还是时间成本，凯立德都已经让用户感到不满，所以很多用户即使在车内安装了车载凯立德导航系统，也长时间不愿意开启，反而会打开手机点击高德地图进行导航。同时，凯立德的界面比较简陋，也使用户体验感较差。由此看出，凯立德很难有足够的亮点来吸引用户。

在网络营销时代，如果企业缺乏对消费者情绪的把握，不能让消费者体现其自我理念，那么这种企业必然会被市场淘汰。谁愿意真正分析消费者、找到消费者的需求、满足消费者的需求、解决消费者的难题，谁就能赢得市场、赢得口碑。

2.2.1 网络消费者的概念

网络消费者是指通过互联网在电子商务市场中进行消费、购物等活动的消费者。

网络消费者行为是消费者行为在网络环境下的体现，是消费者在内外部因素以及网络环境因素的共同作用下，为了满足自身需求而采取的包括信息搜寻行为、购买行为和售后行为在内的各种行动。消费者是生产者和贡献者，同时也是竞争者。

“消费者第一”这句话说起来轻松，实际上做起来却很难。因为传统企业往往首先追求的是利润，在追求当前利润时经常会忽视消费者，同时也意味着企业在忽视自己的未来。当把“员工第一、消费者第二、股东第三”这句话写在墙上的时候，就已经犯了一个很严重的错误。在互联网时代，一定是“消费者第一、员工第二、股东第三”。“消费者第一”意味着企业所有的员工都把消费者的利益放在第一位，所有的系统都要以消费者为中心。当企业建立了“消费者第一”的价值观时，该问题就会变得非常简单。什么样的方式有利于消费者，那就采取什么样的办法。

消费者的终身价值 = 平均每次的销售额 × 预估消费者终身的重购次数。

消费者的终身价值等于消费者过去已经完成的购买所产生的价值，加上消费者未来可能进行的购买所产生的价值。

2.2.2 在线购买者行为模型

根据二八法则，20% 的消费者创造了企业 80% 的销售金额和利润。因此少数消费者创造了企业大部分的利润，所以在进行网络营销之前要将消费者分类。

1. 追随者

明确自己想要的商品，通过在线商品网站找到商品并确定其价格、核对该产品是否有现货、运输时间、运费及售后服务。可以这样说，追随者是在为特定的商品寻找特定的信息。

2. 探索者

探索者虽然不是很明确自己需要的具体产品，但是知道自己想要购买哪一类产品（例如，数码相机、厨具），并有可能寻找一种或多种产品特性，通过在线购买网站寻找一系列合适的商品，先比较再购买。探索者需要更多的帮助、支持和引导，以便做出正确的购买决定。

3. 浏览者

这类用户虽然还没有想好要购买哪类产品，但可能有一个明确的购买目标。例如，为他人选购礼物或为自己购买商品；或者没有明确的购买目标，通过买东西来消磨时间；或者没有任何购买目标，随意在网站上浏览各种信息。

2.2.3 网络消费者行为分析

消费者需求是一种最终需求，消费者市场是产品的最终市场。消费者行为的研究是企业制订市场营销策略的起点。通过对目标消费者行为的研究，企业可以减少营销决策的盲目性和随意性，增强决策的有效性和针对性。营销管理专家菲利普·科特勒（Philip Kotler）指出："最重要的事情是预测消费者的行踪，并且能走在他们的前面。"

网络消费者行为是指在互联网营销的环境下，网络消费者的感知、认知、行为以及与网络环境因素之间相互作用的动态过程。因此对于网络消费者行为的分析主要从网络消费者的需求特征、网络消费者的购买动机、影响网络消费者行为的因素 3 个方面来进行。

1. 网络消费者的需求特征

（1）网络消费者的类型

① 简单型

此类型的网络消费者需要的是方便、直接的网上购物体验。他们每月只花少量时间上网，零售商需要为这个类型的消费者提供真正的便利，让其感受到在零售商网站上购买商品将会节约很多时间。

② 冲浪型

此类型的网络消费者大约占网络用户的 8%，而他们在网上花费的时间却占了 32%，并且他们访问的网页数量是其他网络用户的 4 倍。冲浪型网络用户对常更新、具有创新设计特征的网站很感兴趣。

③ 接入型

此类型的网络消费者通常是刚接触网络的新手，这部分人所占的比例约为 36%。他们很少在网上购物，更喜欢在网上聊天和发送免费问候卡。那些著名的传统品牌公司对这类网络用户一直采取足够重视的态度，因为网络新用户更愿意相信生活中他们所熟悉的品牌。

④ 议价型

此类型的网络消费者所占比例为 8%，他们趋向购买便宜的商品，著名的 eBay（易贝）网站一半以上的消费者就属于这一类型。他们喜欢讨价还价，并有强烈的在交易中通过议价而获胜的满足感。

⑤ 定期型和运动型

这两种类型的网络消费者通常都是被网站的内容所吸引，他们的上网时间有一定的规律性和稳定性。定期型的网络用户常常访问新闻和商务网站，而运动型的网络用户则喜欢运动和娱乐类网站。

目前，网上销售商所面临的挑战是如何吸引更多的网络用户，并努力将网站的访问者变为消费者。因此营销人员应该将自己的注意力集中到以上几类网络用户中，进而确定自己的潜在消费者群体，这样才能做到有的放矢。

（2）网络消费者需求的特征

互联网商务的发展促进了消费者主权地位的提高。网络营销系统巨大的信息处理能力，为消费者挑选商品提供了前所未有的选择空间，使消费者的购买行为更加理性。

网络消费者需求的特征主要体现在以下几个方面。

① 个性化消费的回归

在网络世界中，市场变得越来越丰富，产品选择范围全球化、产品设计多样化，心理上的认同感成为消费者做出购买品牌和产品决策的先决条件，个性化消费逐渐成为消费的主流。

② 消费需求的差异性

网络消费者来自世界各地，有不同的生活习惯，不同的消费者会产生明显的需求差异。所以从事网络营销的企业要想取得成功，就必须在产品的整个生产过程中，从构思、设计、制造、包装、运输、销售等环节认真思考这些差异性，并针对不同消费者的特点采取有针对性的营销方法和措施。

③ 主动性消费增强

网络中的消费者以年轻人为主，主动性消费是其特征。

④ 对购物方便快捷的需求与购物乐趣的追求并存

消费者在网上购物，除了能够完成实际的购物需求之外，还能够获得许多信息和在传统商店中没有的乐趣。另外，方便快捷的网上购物也会使消费者节省大量的时间和精力。

⑤ 价格仍然是影响消费心理的重要因素

在正常情况下，网上销售的低成本将使企业有能力降低商品销售的价格，并开展各种促销活动，给消费者带来实惠。例如，有的产品在网络上销售的价格要比线下实体店销售的价格低得多，这种价格优势对消费者具有很大的吸引力。

⑥ 网络消费仍然具有层次性

网络消费本身是一种高级的消费形式，但就其消费内容来说，仍然可以分为从低级到高级的不同层次。在网络消费的开始阶段，消费者侧重于精神产品的消费；到了网络消费的成熟阶段，消费者在完全掌握了网络消费的规律和操作后逐渐对网络购物有了一定的信任感，才会从侧重于精神产品的消费转向日用品的消费。

⑦ 网络消费者需求的超前性和可诱导性

根据中国互联网络信息中心（China Internet Network Information Center，CNNIC）统计，网上购物的消费者以经济收入较高的中年人、青年人为主，他们喜欢新奇的商品，也容易被新的消费动向和商品介绍所吸引。

2. 网络消费者的购买动机

动机是指推动人类进行活动的内部原动力，即激励人们行动的原因。网络消费者的购买动机是指在网络购买活动中，能使消费者产生购买行为的某些内在的驱动力。菲利普 · 科特勒把人们的消费行为分为 3 个阶段，即量的消费阶段、质的消费阶段和感性消费阶段。相应的，消费者的购买标准也有两种，即理性标准（量的消费阶段和质的消费阶段）与感情标准（感性消费阶段）。

◆ **理性消费与理性营销**

如果消费者的经济状况不好，他们在选择商品时，除了考虑商品的功能之外，采用的往往是经济上的理性标准。也就是说，消费者的购买行为是建立在经济基础上的。如果企业的目标市场大多是这类消费者，那么企业会用理性的观念来解释和分析这一消费行为，以理性营销为主导。例如，在私人汽车刚刚进入美国家庭时，市场中的汽车供不应求，大部分人追求的是得到汽车这个代步工具。

◆ 感性消费与感性营销

在买方市场中，生产相似产品的企业竞争激烈，产品的技术水平相当，消费者评价产品功能性的理性标准就会失去方向。那些家庭经济状况较好的消费者在选择商品时，不再从经济的角度看问题，而是更多地从心理满足的角度去评价商品。例如，随着时间的推移，一部分人可能不再满足于购买与别人相同款式的汽车，而是希望购买的汽车能够显示自己的身份、地位、爱好等。

网络消费者的购买动机基本上可以分为两类：需求动机和心理动机。需求动机是指人们由于各种需求，包括必需的和非必需的需求而引起的购买动机。心理动机则是由于人们的认识、感情、意志等心理过程而引起的购买动机。

（1）需求动机

研究网络消费者的购买行为，首先要研究网络消费者购买的需求动机。

① 传统需求层次理论在网络需求分析中的应用

需求层次理论是研究人的需求结构的理论，它由美国心理学家亚伯拉罕·哈罗德·马斯洛（Abraham Harold Maslow）在 1943 年出版的《人类动机的理论》一书中提出来。他把人的需求划分为 5 个层次：生理的需求、安全的需求、社交的需求、尊重的需求和自我实现的需求。在传统的营销过程中，需求层次理论被广泛应用。此理论对网络消费需求层次分析也有着重要的指导作用。

② 现代虚拟社会中消费者的新需求

需求层次理论可以解释虚拟市场中消费者的许多购买行为，但是虚拟社会毕竟与现实社会存在很大的差别，需求层次理论也面临着不断被补充的要求。在虚拟社会中，人们联系的基础实质上是人们希望满足虚拟环境下的 3 种基本需求，即兴趣、聚集和交流。

a. 兴趣

在分析网络用户的行为习惯中可以发现，用户之所以热衷于在网络中畅游，是因为他们对网络活动抱有极大的兴趣。这种兴趣的产生主要来自以下两种内在驱动力：一是探索的内在驱动力，即人们出于好奇的心理，驱动自己沿着网络提供的线索不断地进行查询，希望能够找出符合自己预想的结果，有时甚至到了不可自拔的地步；二是成功的内在驱动力，即当人们在网上找到自己需要的资料、软件和游戏或者获得某种重要信息时，自然会产生一种满足感。

b. 聚集

虚拟社会提供了一个让人们具有与真实场景相似体验的聚集机会，这种聚集不受时间和空间限制，并形成富有意义的个人关系。通过网络聚集起来的群体一般是一个具有相同诉求的群体。这种方式可以让在现实社会中经常处于紧张状态的人有机会在虚拟社会中找到表达自我的机会。

c. 交流

一般情况下，聚集起来的网络用户会产生一种交流的需求。随着这种信息交流频率的增加，交流的范围也在不断扩大，从而产生示范效应，形成商品信息交易的网络虚拟社会。

（2）心理动机

网络消费者购买行为的心理动机主要体现在理智动机、感情动机和惠顾动机 3 个方面。

① 理智动机

理智动机建立在人们对于在线商场所推销商品的客观认识的基础之上。网络购物者大多是中青年人，他们具有较强的分析判断能力，经常在反复比较各个在线商场的商品之后才做出购买决定，对所要购买商品的特点、性能和使用方法熟稔于心。

② 感情动机

感情动机是由于人的情绪和感情所引起的购买动机。这种购买动机还可以分为以下两种形态：一种是低级形态的感情购买动机，它是由喜欢、满意、快乐、好奇而引起的，一般具有冲动性和不稳定性的特点；另一种是高级形态的感情购买动机，它是由人们的道德感、美感等引起的，具有较强的稳定性，而且有在线商家提供异地买卖送货的业务，促进了这类购买动机的形成。

③ 惠顾动机

惠顾动机是基于理智和感情之上的，是对特定的网站、图标广告、商品产生特殊的信任与偏好而习惯性地前往访问并购买商品的一种动机。

惠顾动机的形成经历了人的意志判断的过程。它的产生或者是由于搜索引擎的便利、广告图标的醒目、站点内容的吸引力，或者是由于某个驰名商标具有相当的地位和权威性，或者是由于产品质量在网络消费者心目中树立了可靠的信誉。网络消费者在做出购买决策时，并在每次购买活动中克服和排除其他同类产品的吸引和干扰，按照事先自己心中已计划好的购买目标直接购买。

具有惠顾动机的网络消费者，往往是某个站点的忠实浏览者。他们不仅自己经常光顾这一站点，而且对其他网络用户也具有较强的宣传和影响力，甚至在企业的商品或服务出现某种过失时也会更加宽容。

3. 影响网络消费者购买行为的因素

（1）产品的特性

产品是影响消费者购买的重要因素之一。由于网络市场不同于传统市场，网络消费者有着区别于传统市场的消费需求特征，因此并不是所有的产品都适合在网上销售和开展网上营销活动。

根据网络消费者需求的特征，网上销售的产品一般要考虑产品的新颖性，即产品是否新颖或足够引人注目。追求商品的时尚和新颖是许多消费者特别是青年消费者重要的购买动机。

另外，要考虑产品的购买参与程度。一些产品要求消费者的参与度比较高，消费者需要现场体验且需要很多人提供参考意见，因此这类产品不太适合在网上销售。但有些需要购买体验的产品也可利用网络营销的推广功能来辅助传统营销活动，或者将网络营销与传统营销进行整合。也就是说，网上宣传和展示产品可以使消费者在充分了解产品的性能之后再去相关商场进行选购。

（2）产品的价格

从消费者的角度来说，虽然价格不是决定消费者购买商品的唯一因素，但却是非常重要的因素。对一般的商品来讲，价格与需求量之间经常表现为反比关系，同样的商品，它的价格越低，它的销售量就越大。网上购物之所以具有生命力，其中一个重要的原因就是网上销售的商品的价格普遍比实体店低。

此外，消费者对于互联网有一个免费的价格心理预期，那就是即使网上购买的商品是花钱的，其价格也应该比传统渠道的价格要低。消费者产生这种心理预期是因为：一方面，互联网的免费策略得到了成功的商业运作；另一方面，网络市场作为新兴市场，可以减少传统营销中的中间费用和一些额外的信息费用，可以削减产品的成本，这都是互联网商业应用的巨大潜力所在。

从企业内部的角度来看，总的来说，产品的生产成本呈下降趋势，而且其下降趋势越来越快。在网络营销战略中，可以通过采用降低采购成本、降低库存、控制生产成本等手段，降低相关业务的管理费用和销售费用，进而降低产品的价格。

网络营销市场面对的是开放的、全球化的市场，用户可以在世界各地直接通过网站进行购买，而不用考虑网站是属于哪一个国家或者地区的。企业面对的是全球性的网络市场，因此定价必须采用全球化和本地化相结合的方式。目前，企业在对网络销售产品定价时，主要采用低价位定价和消费者主导定价两种方式。

（3）网上购物的便捷性

购物的便捷性是消费者选择购物的首要因素。网上购物的便捷性主要表现为两个方面：一是时间上的便捷性，不仅可以不受时间的限制，而且可以节省时间；二是地域上的便捷性，可以让消费者足不出户地在很大范围内选择商品。

① 售前

在网上购物的过程中，企业不仅可以在售前向消费者提供丰富生动的产品信息及相关资料（例如，质量认证、专家测评等），而且可以通过设置网页界面，使网页界面看起来友好清晰，用起来方便简捷，进而使消费者可以在比较各种同类产品的性能价格后做出是否购买的决定。

② 售中

网上购物的全过程简单迅速，用户坐在家中即可参观虚拟的商店，用电子方式结算，为消费者节省了不少时间。

③ 售后

如果消费者在使用商品的过程中发现问题，消费者可以随时与厂家联系，得到来自厂家及时的技术支持和服务。

总之，网络购物能为企业节省大量的促销费用，使产品的成本和价格的下降成为可能。而消费者则可以在全球范围内寻找最优惠的产品，甚至可以绕过中间商直接向生产者订货，因此可以实现用更低的价格购买商品的目的。

（4）网上购物的安全性和可靠性

影响消费者网上购物的一个重要因素是安全性和可靠性。由于网上购物一般是先付款后送货，这使传统购物的“一手交钱一手交货”的现场购物方式发生了变化。网上购物的时空发生了分离，消费者在网上购物时有失去控制的离心感。为了降低消费者的这种离心感，企业必须加强网上购物各个环节的安全和控制措施，使消费者在购物过程中的信息传输和个人隐私等得到有效保护，进而使消费者对网上购物更有信心。

在网上购物时，消费者面对的是虚拟商店，对产品的了解只能通过网上介绍。在真正交易时，消费者需要将个人的重要信息（例如，信用卡的账号、密码和个人身份信息等）通过网上传送。由于互联网的开放性，网上信息存在被非法截取和非法利用的可能，存在一定的安全隐患。另外，在网上购物时，消费者将个人身份信息传送给商家，其个人隐私有被商家非法利用的可能。因此网上交易还存在个人隐私被泄露的风险。如果网络系统没有妥善的安全体系，网络营销的发展终究会受到限制。

2.2.4 网络消费者的情绪

消费者的情绪大多是通过其神态、表情、语气、行为等来表达的，各种情绪的表达程度也有明显的差异。

1. 消费者在购买活动中的情绪

消费者在购买活动中的情绪大致可以分为三大类：一是积极的情绪，例如，好感、依恋、热忱、喜爱、满意和愉快等；二是消极的情绪，例如，消沉、厌烦、讨厌、排斥和悲哀等；三是中性或双重的情绪，这种情绪表示人对事物的认识是完全理智的或者是完全无所谓的。

2. 消费者情绪的影响因素

消费者在购买活动中的情绪主要受购买现场环境条件、商品本身和消费者自身所带有的情绪影响。

3. 应用情绪开展市场营销的策略

（1）情绪激发作为产品利益

情绪总是伴随着正面或负面的评价，那些让人感到快乐的产品总能赢得更多消费者的青睐。在产品和服务高度同质化的今天，消费者越来越期望在各种商品体验中得到积极的、包含情感因素且值得回忆的感受。虽然在大多数情况下，人们希望获得乐观向上的情绪，但也有例外的情况。例如，悲剧性的电影使观众伤心落泪，然而人们仍然会喜欢这样的电影，因为适当的情绪释放也是一种减压方式。

鉴于情绪激发能够带来一定的好处，许多企业把激发消费者的某种情绪作为主要的产品，从而获得利益。例如，将迪士尼乐园作为家庭游玩的胜地，旨在激发游客的快乐情绪；一些软饮料品牌也以“妙趣横生”和“激动人心”作为其主要利益诉求点；甚至某些汽车有时也被定位为情绪激发型产品。

在现实生活中，很少有人喜欢悲哀、无助、羞辱或恶心的感受。针对这种情况，企业设计了防止或缓解这些负面情绪的产品。例如，鲜花被宣传为能够消除悲哀情绪、带来温暖的产品；减肥产品和其他有助于完善自我的产品常常以其能缓解内疚感、无助感、耻辱感或厌恶感等利益诉求来定位；个人清洁护理产品也常以缓解焦躁和忧虑情绪为其主要利益的诉求点。

（2）情绪激发影响消费者的推理

心理学家指出，自己的情绪状态也会影响对别人、对社会事件的推理。美国卡内基梅隆大学的科学家曾经做过这样一个实验：将参加实验的人随机分为3组，让其中一组人观看一段喜剧录像，而另外两组人分别观看关于癌症与死亡的录像。紧接着，研究人员让他们对自己的情绪进行评价，然后向他们出示了一些情侣的照片，并请他们想象在某个公众场合遇到这些情侣，根据从照片中得到的印象，评价这些情侣是否幸福、是否信任彼此等。测试结果显示，参加实验的人的情绪状态在他们的判断中扮演了重要角色。处于良好情绪状态的人（看完喜剧的人）对照片中情侣的关系评价更为积极，而情绪低落的人（看了癌症与死亡节目的人）则更倾向于认为情侣不般配、互不信任，也不幸福。

受情绪影响，人们常常在自认为客观的判断中加入了大量的主观演绎。例如，即使是在公正的法庭上，律师也常常会利用情绪来影响陪审团，使他们产生愤怒、感动、同情等情绪，从而影响他们的裁决。

（3）情绪激发形成消费者的购买动机

动机是引发并维持个体行为的内在动力，由动机引发、维持的行为是有组织、有目的、有方向的活动。情绪能激励人，可以使人的身心处于活跃的最佳状态，进而推动人有效地完成工作任务。研究表明，适当的紧张和焦虑能够促使人积极地思考和成功地解决问题。当消费者的需求和欲望从隐性状态转变为显性状态时，消费者便会出现紧张情绪，即感到不自在、不满或者抱怨。这时，恰到好处的营销方案其实就是帮助消费者消除紧张情绪，激发其购买动机。

有时候，消费者的需求并不是十分强烈，甚至连他们自己也没有意识到购物需求的存在，网络营销者可以通过提醒的方式故意制造紧张氛围，有效地引发消费者的紧张情绪，激发其购买动机。这就是为什么营销中的“恐惧”策略常常能出奇制胜的原因。宝洁公司的广告策略几乎总是这样：先提出一个被消费者忽视的问题，然后提出解决方案，从而有效地激发消费者的购买动机。

2.2.5 网络消费者的态度

1. 态度来自消费者对营销刺激的接触、观察和了解

人们几乎对所有事物都持有态度，而这种态度不是与生俱来的，而是后天形成的。例如，消费者对某品牌产生好感，可能是被该品牌产品的功能或利益所打动，也可能是被该品牌的名称、标志或包装设计所吸引。不管出自何种缘由，这种好感都是在接触营销刺激的过程中通过观察、了解逐步形成的，而不是与生俱来的。

2. 态度是消费者心理过程中的稳定的反应模式

消费者心理活动的认知过程、情感过程和意志过程是消费者决定购买商品的心理过程中密不可分的 3 个环节。消费者在认知过程中形成的品牌信念、在情感过程中形成的品牌评估、在意志过程中形成的购买意向形成消费态度的 3 种成分，即认知成分（品牌信念）、情感成分（品牌评估）和行为成分（购买意向）。

这种态度一旦形成，便具有一定的持久性、稳定性和一致性，形成的这种特点会逐步成为消费者个性的一部分，使个体在反应模式上表现出一定的规律。这种模式化的反应有助于消费者更加有效地适应动态的购买环境，使之不必对每个新事物、新产品、新营销手段以新的方式做出解释和反应。

3. 态度理论在促销中的作用

如果消费者特别重视某种属性（例如，快餐购买者重视营养和天然成分），那么营销者必须在广告和促销说明书中强调这种诉求。这些利益诉求的传播以及随后消费者通过使用产品而获得的利益满足会增强消费者对该产品的积极态度，从而有利于产品的销售和品牌形象的树立，也体现了消费者的态度理论在促销中的作用。

4. 态度理论在营销中的应用

（1）以消费者态度为基础的市场细分

市场营销的一个关键环节就是市场细分。根据产品属性对消费者的重要性来

划分市场的方法被称为利益细分。为了界定利益细分市场，首先，营销者需要知道某种产品或服务的各个相关特性对于消费者的重要性。然后，将追求相同或相似产品功用的消费者（他们对于产品重要特性的排序是相似的）划入同一个细分市场，这便是以消费者态度为基础的细分市场。根据消费者寻求的利益将他们划分为不同的细分市场，每个细分市场都会在人口特征、消费量、品牌感知、媒体习惯、性格、生活方式等方面与其他细分市场形成对比。这样一来，便可获得对构成每个细分市场消费者的更深层次的理解。这种理解所带来的益处是可以更有效地接近消费者，用消费者所使用的语言与其沟通，进而向消费者提供他们喜爱的产品。

在此，我们以牙膏市场的细分为例加以说明。按照消费者所追求的产品类型，牙膏市场基本可以分为以下 5 种类型。

第一，经济型。这类购买者主要寻求的产品特征为低价。购买者大多数为低收入的成年人。他们注重产品的实用价值，对品牌无特殊偏好，只会购买促销降价或低价品牌的牙膏。

第二，防蛀型。这类购买者主要寻求的产品特征为预防龋齿。购买者多为有孩子的家庭（因龋齿在少年儿童中为多发症）。这类购买者所偏好的主要品牌为佳洁士、高露洁、两面针等含氟牙膏。

第三，防治牙周病和牙齿过敏型。这类购买者主要寻求的产品特征为治疗效果。购买者多为中老年口腔患者。一般情况下，他们性格独立、比较保守，所偏好的品牌主要有两面针中药牙膏、冷酸灵、蓝天六必治等。

第四，注重牙齿洁白和美容化妆型。这类购买者主要寻求的产品特征为洁白美观。购买者多为吸烟者，他们往往善于交际、性格外向，偏好的主要品牌有中华瓷感白、黑妹钻石白等。

第五，味觉和外观爱好型。这类品牌爱好者通常是儿童，他们喜爱清凉薄荷及各种果味牙膏。这类牙膏在儿童中的使用量远远超过其他种类牙膏的平均使用量，他们所偏好的品牌主要有两面针儿童牙膏等。

（2）以消费者态度为基础的产品开发

消费者对产品某种属性的重视程度，就是他们追求的利益所在。消费者追求的利益反映在产品的某个属性上，也就是这个属性的理想功效水平。产品的任一属性的理想功效水平都反映了消费者所希望或期待的需要满足状况。因此根据产品各属性的理想功效水平来开发产品或改进现有产品，即以消费者态度为基础的产品开发，往往能成为企业制胜的重要手段。通常进行这种产品开发时需要注意以下 3 个步骤：第一，测量特定的细分市场，特别是被消费者重视的那些关键产品属性的理想功效水平；第二，创造一种最接近于理想产品的概念，该产品概念可以是语言性描述、图样或实体模型；第三，将产品概念转化为实际的新产品。

2.2.6 网络消费者的注意力

当刺激物激活人们的感觉神经，由此引发的感受被传送到人们大脑中进行处理时，注意力就产生了。

1. 注意力理论概述

注意力是指消费者的认知能力能够短暂地集中于一个具体的刺激。注意力有两大特点：指向性和集中性。指向性是指一瞬间，心理活动有选择性地指向一定的对象，而同时离开其他对象；集中性是指心理活动不仅有选择性地指向一定的对象，而且相当长久地坚持指向这个对象，离开一切无关的对象，抑制其他活动。指向性是集中性的前提和基础，而集中性则是指向性的体现和发展。注意力不属于一种独立的心理过程，也不属于个体的心理特征，它是综合各个心理过程的一种大众拥有的共同特征。

注意力对人的活动有重大影响，主要有以下 3 个方面的功能：一是选择功能，即选择有意义、符合需要、与当前活动相一致的对象，避开或抑制那些非本质、附加、与之相竞争的各种对象，这既表现为个体对心理和行为方式的选择，也表现为个体对刺激对象的选择；二是保持功能，即注意对象的形象或内容在意识中一直保持到达到目的为止；三是调节和监督功能，即对错误活动能及时调整和矫正，这是以上 3 个方面中最主要的功能。

2. 注意力和无意注意

（1）注意力是一种有限资源

托马斯 · H. 达文波特（Thomas H. Davenport）认为，注意力就是从不必要的小事中解脱出来关注最重要的事情。人的注意力范围不是无限的。注意力范围是指一个人在同一时间内清楚地观察到对象的数量，也称注意力的广度。一个人可能会同时注意到几件事情，但是无论如何，在某个时间内，一个人的注意力只能集中于其中的某件事情。就目前人脑的开发程度而言，注意力很难有明显的提高。一般来说，周围出现的刺激物数量越多，它所呈现的速度越快，而人的判断力出现的错误也就越多。

在当今的实际生活中，消费者每天都要面对浩如烟海的信息。例如，一般的超级市场至少有 30000 种商品，一个电视频道每周播放多达 6000 条广告，所以消费者不得不有选择性地关注广告及其他信息。正因如此，目前，世界上出现了一种所谓注意力经济的理论与实践。注意力经济的概念是迈克尔 · 戈德海伯（Michael H. Goldhaber）在 1997 年发表的一篇题为《注意力购买者》的文章中最先提出来的。他指出，在以计算机网络为基础的信息社会中，对人类来说，信息已经不再是一种稀缺的资源，稀缺的资源是人的注意力。目前，以网络为基础的新经济，其实质就是注意力经济。在这种社会形态中，最重要的资源不是传统意义上的货币资本，也不是信息本身，而是注意力！注意力是“虚拟经济的硬通货”。

在信息社会中，如何抓住消费者的注意力，成为企业经营成败的关键。因此营销界经常会利用“事件营销”和“概念营销”来抓住消费者的注意力。

所谓事件营销，就是通过借势和造势来提高企业或产品的知名度、美誉度，为企业树立良好的品牌形象，最终促成企业的产品或服务的销售。事件营销是近年来国内外流行的一种公关传播与市场推广手段。

所谓概念营销，是指企业以某种有形或无形的产品为依托，借助现代化的传媒技术，以捕获消费者的注意力为中心，以企业、企业产品或其主要经营者为对象制造热点事件或新闻，从而进行大规模的广告宣传，赋予企业或产品以丰富内涵或特定的品位和社会定位，迅速占据一定的市场份额，使企业实现资产的快速增值，进而取得丰厚的利润。概念营销是20世纪90年代新兴的一种营销方式。

（2）无意注意力

所谓无意注意力，是指事先没有预定的目的，也不需要做意志努力的注意力。

① 引起无意注意力的因素

无意注意力主要是由外界刺激物引起的，刺激物的强度、新颖程度都会引起无意注意力。无意注意力取决于人本身的状态。同样的刺激物，由于感知它们的人本身的状态不同，可能会引起一些人的注意力而不能引起其他人的注意力。事实上，消费者的需求并不总是迫切的，自然也不会时时关注外界的营销刺激。因此抓住无意注意力往往能成为营销成功的关键。那么，怎样才能获得消费者的无意注意力呢？下面我们将为大家介绍几种方法。

第一，抓住消费者的需求和兴趣

一些能满足消费者的需求（无论是物质的需求还是精神的需求），使消费者产生兴趣的刺激物容易成为无意注意力的对象。

第二，针对消费者的情绪和过去的经验

情绪会影响人的注意力的选择方向，容易使人戴上有色眼镜来观察周围的事物。过去的经验也明显影响着人们的注意力指向。例如，人们在看报时所注意的消息往往不同。这多半是由于人们的知识水平与工作经验不同所致。

第三，运用频繁广告

频繁广告的依据来自半脑切面理论。半脑切面是指两个半脑各自所从事的活动的术语。人的左半脑主要负责处理文字信息，从事具象意义的活动，进行序列分析，它具有意识到和报告正在发生的事件的能力，即人的左半脑控制被称为理性思维的活动。人的右半脑主要处理图像、几何、非文字类信息，主要与形象和印象打交道。左半脑需要频繁休息，而右半脑可以在一段较长的时间里轻易地浏览大量的信息。克鲁格曼（Krugrman）认为：“正是右半脑的图形处理能力才使环境的快速录像成为可能——由此有助于选择左半脑应集中处理的内容。”理论表明，频繁广告所产生的影响是传统广告效果的测量方法所无法解释的。

第四，合理设计刺激物

对营销刺激进行如下设计，更容易引起消费者的无意注意力：一是设计出强度大的、对比明显的信息集合；二是设计出多维变化的景物，例如，在相对静止的背景中设计运动的景物；三是把广告放在一本杂志的前 10 页或其他印刷品的上半部分，或者在广告中设计引人注目的照片或画面；四是尽量将商品放在货架的上半部分。

② 阈下刺激

阈下（Below The Threshold，BTT）是指感觉阈限以下，即能够刺激人类感官的最低强度以下。阈下刺激被称为心灵的呼唤，意在唤醒人们的潜意识。大量的心理学实践研究发现，阈下刺激对人有很大的影响。根据这一原理，阈下技术（Subliminal Technique，ST）应运而生。它是一种潜意识诉求，即通过给人提供其无法意识到的信息进而达到说服其自身的目的。例如，用心设计的隐晦图案和经过声学处理或隐含不被感知的背景信息的音乐，设置隐喻或使用催眠术（Hypnotic）来进行言语表达等都是阈下技术的应用。

应用阈下技术的一次著名的尝试是维卡里（Vicary）于 1957 年在新泽西一家电影院所做的投影实验：在放映电影时，每隔 5 秒插播一次“吃爆米花”和“喝可口可乐”的广告，每条广告在银幕上出现的时间只有 1/3000 秒。该实验的结果是，爆米花的销售量增加了 57.5%，而可口可乐的销售量增长了 18.1%。阈下技术应用最为广泛的领域就是阈下广告，也有人将其称为隐性广告。

阈下广告是一种通过受众感觉阈限以外的刺激，然后将产品的图案、品名和其他商业信息传递给受众的技术。设计这一广告的策略很明显，就是抓住特定消费人群的特征，试图采用这种方法来吸引消费者购买，扩大产品的销售。很多商业广告还通过直接号召消费者购买的言语来刺激消费者的潜意识。这种手段在电视广告中应用得比较多。例如，一条洗衣机的广告在播放视频的同时加入了 1/500 秒的“buy it”（买它）。

3. 充分发挥注意力在网络营销中的作用

（1）充分发挥注意力的心理功能，引发消费需求

只有特别注意，才能引发消费者的明确需求。在企业的经营活动中可以充分利用人的注意力的心理功能，采取有效的刺激手段先引起消费者的无意注意，并帮助其实现由无意注意向有意注意的转换，从而引发消费者的需求。

（2）实行多元化经营，调节消费者在商品中的注意力转换

虽然有意注意能引发消费者的明确需求，但是消费者要是一直处于有意注意状态，是很容易疲劳的。如果消费者对购买目标失去兴趣，他就会终止购买行为。

（3）广告设计制作需引起消费者的注意

广告取得成功的前提就是吸引消费者的注意力。因此企业应该利用注意力这一特殊心理现象，提高其产品的广告宣传效果。例如，在广告设计制作中，巧妙地利用刺激物的声响节奏、色彩搭配、位置变换等来引起消费者的注意。

2.2.7 网络消费者的自我观念

1. 自我观念的含义与类型

自我观念是个体对自身一切的知觉、了解和感受的总和，即自己如何看待和认识自己。每个人都会逐步形成对自身的看法，例如，自己是美是丑、是胖是瘦、是能力出众还是能力一般等。自我观念回答的是“我是谁”和“我是什么样的人”之类的问题。一般情况下，消费者将选择那些与自我观念一致的产品和服务。正是从这个意义出发，研究消费者的自我观念对企业特别重要。

消费者有着多种类型的自我观念，具体可分为以下几个方面。

（1）实际的自我观念

这是指消费者实际上如何看待自己的一种观念。

（2）理想的自我观念

这是指消费者希望别人如何看待自己的一种观念。

（3）社会的自我观念

这是指消费者自我感知到别人是如何看待自己的一种观念。

（4）理想的社会自我观念

这是指消费者希望别人如何看待自己的一种观念。

（5）期待的自我观念

这是指消费者期待在将来别人如何看待自己，是介于实际的自我观念与理想的自我观念之间的一种形式。由于期待的自我观念折射出个体改变自我的现实机会，对营销者来说，它也许比理想的自我观念和实际的自我观念更有价值。

2. 自我观念对于消费者的意义

消费者在试图获得理想的自我观念或保持实际的自我观念时，经常涉及产品或服务的购买与消费活动。对于消费者来说，一个人的自我观念对个人而言是具有价值的，正因为人的自我观念被赋予价值和受到重视，所以人总是会努力保持和提高其自我观念。某些产品作为社会象征或符号传递着关于拥有者或使用者的社会地位信息，反过来也会对一个人的自我观念产生影响。自我观念的这些作用会促使消费者经常购买或者消费某些产品或服务，从而保持或强化其所追求的自我观念。

3. 自我观念在营销中的应用

（1）自我观念与品牌个性

品牌个性是消费者心中形成的一种认知，它不可能离开消费者而单独存在。因此消费者的自我观念会在品牌个性发挥作用的过程中产生重要影响。研究发现，消费者愿意选择那些品牌个性或者品牌形象与自我观念或者自我形象一致的品牌，并在此基础上形成自我观念和品牌形象一致性理论（Self-image Congruence Theory）。由于品牌个性是品牌形象的核心组成部分，因此自我观念与品牌个性之间的一致性与自我观念与品牌形象之间的一致性发挥着同样重要的作用。也就是说，消费者愿意选择那些品牌个性与其自我观念一致的品牌。

自我观念之所以与品牌个性具有一致性，是因为消费者在购物过程中会在心理上将品牌个性与其自己的自我观念进行对比。二者一致与否会在一定程度上影响消费者的购买行为。实际上，这种对比是一种心理上的对比，对比的结果可以分为高度自我一致性和低度自我一致性。当消费者感觉自我观念和品牌个性一致时，就会产生高度自我一致性；反之，则会产生低度自我一致性。自我一致性会通过自我观念动机（例如，自我维持动机、自我提升动机）来影响消费者的行为。

（2）自我观念与产品定位

消费者决定其实际的自我观念和追求的自我观念并使自己的购买行为与其保持一致，这是一个有意识的过程。这也意味着，营销者应该努力塑造产品形象并使之与目标消费者的自我观念相一致。虽然每个人的自我观念是独一无二的，但不同个体的自我观念也存在着相同的部分。例如，许多人将自己视为环境保护主义者，那些以环境保护为诉求的企业及其产品将更可能得到这类消费者的青睐。

相对而言，某些产品具有相当丰富的含义。延伸自我的理论可以解释这种现象。延伸的自我由自我和拥有物两个部分构成。李克特量表用于测量一件物品在多大程度上属于自我延伸。在李克特量表中，消费者被要求表达对以下陈述的同意程度（表明从坚决同意到坚决不同意）。

- 我的______帮助我取得了我想拥有的身份。
- 我的______帮助我缩短了现在的我和我想成为的我之间的鸿沟。
- 我的______是我身份的中心。
- 我的______是现实自我的一部分。
- 如果我的______被偷了，我将感到我的自我从我身上剥离了。
- 我的______使我获得了一些自我认同。

了解不同的产品在群体人员延伸自我中所起的作用，对于完整地理解该群体是很关键的一步。它同样有助于市场营销者去开发那些能提高或强化消费者身份地位的产品。

（3）自我观念与网络营销伦理

自我观念既包括积极的一面，也包括消极的一面。在实际营销中，对消费者自我观念中消极部分的彰显，往往会受到社会各方人士的指责，这也是企业需要慎重考虑的问题。例如，一些产品的宣传由于过多关注外形美丽的重要性，并且将美丽狭隘地界定为年轻、苗条和某些脸部特征而引来一些批评之声。批评者认为，这种对美的狭隘关注将引导个人强烈地依靠其外表而不是其他同等或更为重要的因素来发展自我观念。

网络营销伦理问题是极为复杂的，企业必须把握好度的问题，其营销策略应有利于发展消费者积极的自我观念。

2.3 资源

案例2-3

抢火车票不如“众筹火车”

每到春节前夕，在熙熙攘攘的回家大潮下，火车票的一票难求现状也成为交通领域难掩的痛点。有的人提前 30 天就打开手机 App，在各大网站中不断刷火车票，却面临开售即售罄的尴尬；有的人不得不更换其他交通工具，例如，搭乘飞机，甚至是私人包车。如何解决火车票一票难求的难题呢?

2017 年国庆假期，为了解决全国游客的返程高峰难题，西安铁路局开行了全国首趟“众筹火车”，为旅客提供铁路出行的定制化服务。

“铁路出行也能定制化? 难道我想什么时候走、想去哪里，都可以定制? ”不管是在国内还是国外，这种想法仿佛都只是一种奢望，但西安铁路局通过众筹的方式为旅客启动了 K8188 次列车。

在众筹之前，这趟列车只能确定两点：始发站为西安站，车次为 K8188。但车票数量、具体线路，甚至是这趟列车能否真正开行，都由参加众筹的旅客决定。

这个“众筹火车”的消息一经公布，立刻在网上引发热议，大量旅客非常热情地参与其中，甚至有不少旅客专门到火车站核实消息并表达出自己的出行需求。经过这样的沟通、交流、核实过程，K8188 次列车的终点站被定在陕西省榆林市，而在列车真正启动的那天，这趟“众筹火车”的上座率也高达 100%。

“众筹火车”无疑是一个值得关注的新生事物，这种让旅客决定火车路线的做法能否进一步推广还需实践检验。但从西安铁路局的初步试验来看，“众筹火车”确实能在一定程度上解决一票难求的问题。

那“众筹火车”究竟是如何发挥作用的呢？

西安铁路局的相关负责人说：“过去，铁路部门要加开列车，需要提前派人到厂矿、学校等地开展需求调查，之后再决定是否加开，这一过程耗时较多。近年来，许多旅客通过网络订购火车票。今年，考虑到网络平台可以进行点对点的即时精准信息传送，西安铁路局创新服务理念，提前在网上了解旅客的出行需求，然后根据这些需求开行列车。”

火车路线、时间都由参与众筹的旅客决定，而火车的乘客也完全由参与众筹的旅客构成。与传统的火车车次加开的模式相比，“众筹火车”更加贴近旅客的实际出行需求。在众筹的过程中，旅客会直接告诉铁路局：我们需要加开哪条路线。与此同时，铁路局的运输效率也得以提升，火车的资源利用率也得到加强。

事实上，众筹的概念远不止于此。

众筹的概念最早被大家熟知是由于美国 KickStarter（一个专为具有创意方案的企业筹资的众筹网站平台）这个众筹平台的兴起。它的规则很简单——由创业者或者创意人把自己的产品原型或创意提交到平台，发起募集资金的活动，感兴趣的人可以捐献指定数目的资金，然后在项目完成后得到一定的回馈。有了这种平台的帮助，任何有想法的人都可以启动一个新产品的设计或生产。

2013 年，KickStarter 的成功项目达到 1.99 万个，筹资金额达 4.8 亿美元。众筹这个概念其实早已进入中国，2014 年 3 月 26 日，阿里巴巴推出娱乐宝才让大家真正接触到众筹的实体应用。

2014 年 7 月 1 日，京东旗下众筹业务“凑份子”正式上线。其负责人金麟表示，该业务旨在让大家一起凑钱来帮助有创意的个人或企业圆梦。

2015 年 4 月，苏宁开创了线上平台、线下实体门店同步开展众筹的新型模式，苏宁众筹平台正式成立。

2018 年，人人投众筹平台正式超越淘宝、京东、苏宁三大巨头，登上国内十大众筹平台的榜首。

随着时代的发展，众筹的网络、产品如雨后春笋般纷纷破土而出。这对于那些心怀梦想却经济拮据的创业者来说，简直就是天赐的机会。

众筹有着非常明显的互联网精神，有各种模式，不仅是资金的，更是精神的、哲学的、文化的。有了众筹，几乎想做什么都将成为可能。正如乔恩·斯图尔特（Jon Stewart）所说："给我一个众筹，我能收购整个地球！"

2.3.1 发展网络营销所需的资源

能够满足需求的物质就是资源，未来变成现金流的就是资产。随着互联网的迅速发展，从而推动传统企业纷纷加入发展网络营销的队伍中。由于网络营销与传统的市场营销所要实施的平台不一样，所以传统企业在市场上的丰厚资源大多不能够简单地应用到现在的网络营销中。企业在发展网络营销的时候需要以下资源。

1. 人力资源

由于网络营销是近年来刚刚兴起的行业，市场上还缺少这方面的专业人才。现在很多企业的高管经常参与网络营销培训，要是他们能够掌握系统的网络营销策划知识，就可以带领公司构建团队，有目的地开展网络营销活动。这是解决人力资源缺乏问题的根本方法。

2. 网络资源

网络资源要有域名、服务器，这样企业才能建立自己的网站。另外，企业需要掌握一定的媒体资源。例如，与某些平台建立合作关系从而共享资源，这对开展推广和运营很重要。

3. 技术资源

发展网络营销需要建立在一定的技术基础之上，建立网站、运营网站、推广网站都需要有强有力的技术做后盾。建设网站的时候可以外包，但网站建成之后，网站运营和推广的效果控制仍然需要技术支撑，企业还是需要筹备自己的团队，这样才能保证后续企业的可持续发展。

事实上，不仅是商业组织，政府部门也越发重视网络营销，很多政府部门甚至针对网络营销设置了专门的公关岗位。对于政府官方网站的维护，也达到前所未有的高度。在官网、官微、公众号的三位一体的营销宣传中，政府得以组成一套完整的营销矩阵，实现与公众面对面沟通、心与心交流的目的。这一切资源，与企业利用人力、网络、技术资源进行营销的过程如出一辙。

2.3.2 资源合作推广

1. 资源合作推广的含义

企业之间通过交换各自的优势资源，以此达到相互宣传推广的活动效果，即称为资源合作推广。例如，典型的广告互换、流量互换等。

这种方式的优势是能够在投入资金的情况下，利用自己手中已有的资源实现营销推广、扩大收益的目的，可以让自己手中的资源发挥最大的效用，适合于任何规模的公司甚至是个人。这种方式成功的关键在于如何深入挖掘自身资源，有效扩大其本身的资源价值。这就需要企业在实际操作时充分发挥想象力，好的合作创意将会带来更佳的效果。

由于资源合作有着化腐朽为神奇的效果，所以企业对它越来越重视，甚至已经演变为一个专业的部门，即商务拓展部门（Business Development，BD）。有些公司的 BD 部门的重要性已经超越了传统的市场部门。

2. 合作推广的基本步骤

（1）确定自身的资源与需求

在寻求各种合作之前，先要弄清楚自身有哪些资源与优势，即首先要最大化地挖掘自身资源的同时要明确自己想通过对外合作得到什么，想要的资源有哪些。最好把这些资料整理成一个简单的文档或演示文档，方便向合作伙伴介绍。

（2）确定对方的资源与需求

明确自身的资源与需求后，要通过各种方式寻求适合的合作伙伴。在这个过程中，一旦遇到有合作机会的公司，首先不要急于谈合作，应该了解对方有哪些资源优势，有没有自己需要的；然后再思考自己拥有的资源中有没有对方感兴趣的，最好能找到双方可以互换的资源，开启稳定的合作模式。

（3）找到双方的结合点

当确定和对方有合作机会之后，再正式接触洽谈。这一步很简单，只要能够找到双方的结合点，合作基本上就谈成了一大半。需要注意的是，洽谈时要本着求同存异、相互共赢的原则，提出对双方都有好处的方案或建议，特别是一定要让对方受益。如果与对方是初次建立联系，则一定要在前期让对方明确：你是谁，你是做什么的，你能给对方提供什么，你想要什么。这样才可以节省双方的时间，提升沟通的效率。

3. 如何挖掘资源

一般来说，大企业资源丰富，而小企业及个人的资源相对匮乏。在与小企业及个人挖掘资源时，需要注意以下几个方面内容。

（1）创造资源

例如，针对某个具体领域的知识与技巧，你可以将网络上相关的内容整理成系统、全面的系列电子书或电子杂志，然后通过此资源与别人合作。再如，将网络上可以免费找到的相关媒体联系方式、用户名目全部下载收藏，然后重新分类、筛选及更正，让它们变成非常有价值的媒体资源、用户资源。

（2）朋友资源

要学会广交朋友并弄清楚每个朋友的优势和资源情况。同理，对于长期合作的单位，公司要学会深入挖掘和充分利用对方的优势资源。

（3）特长资源

每个人都有一些特长和爱好。例如，文笔好的人可以通过写文章来聚集资源，甚至可以直接打造自己的公众号；善于组织策划的人可以通过组织和策划各种活动来拓展资源。

(4)人际关系资源

不管做什么事都离不开人，人是社会网络的基本要素，所以人际关系也是很好的资源。举一个简单的例子，如果你认识的人比较少，找工作时就容易遇到瓶颈。例如，从事市场推广的人找工作时就相对容易，因为其工作性质决定了他们要接触大量的人，如果认识的人多了，找工作时的机会也就多了。

(5)品牌资源

品牌是一种资源优势，建立大品牌是一个长期过程，可以在一定的范围内先建立一些小品牌，积少成多。例如，打造品牌活动，包括业内的沙龙、交流会、年会等。再如，在媒体上设置品牌专栏，或者将公司的创始人、管理层、优秀员工等打造成行业明星。

(6)资源积累

根据哈佛商学院杰弗里·蒂蒙斯(Jeffry A. Timmons)的统计，通常创业潜力较强的创业者的平均年龄在35岁左右。为什么30多岁的人创业更容易成功？其中一个很重要的原因在于，这个年龄段的创业者积累的各种资源都比较成熟和丰富，例如，工作经验、人际关系、行业背景等。要想拥有好的资源，最关键的是要注意平常的资源积累与维护。

4. 资源的合作形式

在合作洽谈时，只要能够达到共赢的目的即可，形式无须拘于一格。

(1)友情链接

这是最基本的一种互联网合作模式。

(2)广告互换

每个网站都有自己的广告位，但有时候，这些位置并不一定都会全部售完，而广告位空着又是一种资源浪费，这时就可以找一些相关性较强的网站，将双方空闲的广告位进行互换，以此达到相互宣传推广的目的。

(3)流量互换

流量是网站的命脉，也是网站推广人员的任务指标之一。但是大幅提升流量并不容易，特别是对于流量基数比较大的网站而言，流量提升非常困难。在这种情况下，如何才能快速提升流量呢？最有效的方法就是流量互换。

首先，建立一个专门的流量交换页面，然后开始寻找合作伙伴。例如，找到 A、B、C、D 这 4 个网站，与他们谈的条件是每天交换彼此的访问量，每天为这 4 个网站各带去 1 万的访问量。这样，4 个网站每天就可以各自带来 1 万的访问量。具体交换多少流量不重要，关键的问题是对方带来的流量一定全部指向流量交换的页面。然后，将页面分为 5 份，其中，一份放置自己网站的内容，剩余的 4 份放置合作网站的内容，同时将网站内部的流量尽可能地引入该页面。例如，在最终的内容页、文章列表页等流量集中的地方放置该页面的网址链接。此时，该流量互换页面每天至少会有 4 万的访问量，而 4 个网站每家每天的需求是 1 万的访问量，只要内容足够吸引人，就一定可以增加用户的点击量。由此可见，采取这种方式甚至会超额完成任务。这是一个取巧的方法，但却非常实用。

（4）内容转载

如果能够生产足够多的原创内容，那么进行内容转载合作就是一个不错的选择。通常的模式是对方转载经授权的原创内容，并在页面注明内容来自哪个网站，同时还要加上来自该网站的超链接。

对于合作方来说，他增加了许多优质的内容；对于自己来说，这种方式不仅提升了知名度、增加了流量，而且额外获取了许多优质的链接。

（5）专题共建

这个方式与流量交换类似，但又不太一样。首先，我们先来了解网络专题的概念。网络专题是网络媒体的一种重要表现形式，通常围绕某个特定主题（例如，突发事件或宣传主题）设计固定的专题页面，进行图片与文字、即时新闻与相关资料的集中报道。一个专题相当于一个小型的独立主页，里面的内容是精挑细选出来的，具有针对性。一个好的专题能够为网站带来大量的流量，一个网站如果能够经常组织优质专题，也会大大提升网站的黏性与形象，但不是所有的网站都有能力经常组织优质专题的。同时，网站也希望让已有的专题发挥更大的作用，为网站带来更多的用户。

（6）频道共建

经常浏览 MSN 官方网站的朋友可能会有这样的感觉：MSN 网站上面的频道和内容虽然很丰富，但大部分不是自己原创的内容。例如，交友频道的内容来自世纪佳缘，资讯频道的内容来自北青网，房产频道的内容来自搜房网等。MSN 网站内的各个频道大部分是通过与外部网站合作共建的形式来设置的。

频道共建对于网站经营方来说，既节省了成本，又增加了收入，因为频道承建方需要支付一定的费用。而对于内容承建方来说，同样也节省了成本，因为他只需要支付较少的费用就可以直接获取大量的用户，还可以借助对方的品牌快速提升自己的影响力。

（7）活动合作

活动推广的效果虽然好，但是实施起来比较麻烦，从活动的策划、组织到实施、推广，都是耗费人力、物力和财力的事情。如果在别人做活动时搭上“顺风车”，就会起到事半功倍的作用。活动合作常见的模式有 3 种：活动协办、活动支持、活动赞助。

（8）API 合作

应用程序编程接口（Application Programming Interface，API）合作是基于其他平台（例如，网站等）开发相关的应用程序，借助对方的品牌、人气来提升自己品牌的知名度，从中获取流量或收益。例如，某些网站的一些热门的小游戏并不是网站自己开发制作的，而是由一些游戏公司开发的，之后通过合作的方式，游戏公司将小游戏植入该网站。这些游戏在合作中不仅为游戏公司带来了大量的用户，也为合作网站稳固了用户。

技术实力不是很强的公司可以选择一些比较简单的方式。例如，针对 Discuz、PHPWind 等社区程序开发相关的论坛插件，或者直接针对各种常见的建站程序制作免费网站模板后在网络上传播。

（9）数据互换

在日常工作中，企业经常需要获取各种各样的数据，例如，用户名录、销售线索、邮件地址库等。但大量获取这些有效数据是一件费时费力的事情，而且往往要付出一定的代价。如果能与其他公司直接交换数据，那数据获取的问题就可以迎刃而解了。

（10）联合运营

联合运营源自网络游戏，是游戏行业中出现的一种全新的合作模式。游戏厂商将游戏的运营权开放，媒体、渠道推广商、网吧等所有产业链上的企业或个人都可以参与运营并共享利润。

例如，小王利用业余时间做了一个以网络游戏为主的个人网站。经过推广与运营，该网站拥有了非常高的人气与比较大的流量。众所周知，网络游戏是互联网中最赚钱的产业之一，小王的网站虽然聚集了大量的用户，但是开发和运营游戏需要投入大量的资金，小王自己的能力显然是不够的，而通过联合运营的方式可以打破这种壁垒。在此合作模式下，游戏厂商提供游戏服务器、消费者服务、各种技术支持等，小王只需要吸引用户来玩游戏即可。当用户上线消费后，他就可以与游戏厂商共享利润。

这种方式突破了传统的媒体广告合作方式，让渠道商直接进入产品运营体系，降低了运营的风险和投入的成本，使双方都可以获得高额利润。

阅读静思

1.网络市场未来的发展趋势是什么？

2.怎样吸引消费者的注意力？

3.消费者的购买动机有哪些？

4.发展网络营销需要哪些资源？如何有效获取资源？

5.怎样看待资源整合？

2.4 工具与平台

案例2-4

刷脸支付：加速交通行业蓬勃发展

2019 年 9 月，河南省漯河市公交车出现集刷卡、扫码、人脸识别等支付功能为一体的智能付费终端，由此漯河市也成为中国第一个将智能终端覆盖到全市交通的城市。

事实上，自 2017 年各大手机制造商陆续推出人脸识别应用开始，刷脸支付这种方式便被应用到各大行业中，刷脸支付呈现快速发展的态势。2019 年 11 月，艾媒咨询发布的数据显示，预计到 2022 年，中国刷脸支付的用户将突破 7.6 亿人。

刷脸支付的普及应用对于中国的电子消费市场而言具有巨大的推动作用。以公交车为例，刷脸支付的方式将大量节省乘客的上车时间，避免因零钱、手机、公交卡忘携带而无法支付的情况。这种应用会使行业的整体运行效率得到提升，不仅提高了人们的生活质量，而且给相关产业链带来了腾飞的机会。未来，刷脸支付的方式将逐渐取代二维码支付的方式，成为人们移动支付的主要方式。

◆ 理念创新

随着互联网技术的发展，移动支付方式彻底打破了时间和地域的限制。截至 2019 年 6 月，中国移动支付市场规模已经达到 166.1 万亿元。其中，刷脸支付成为市场消费中的主要增长点。刷脸支付并非简单的图像识别，而是利用当前主流的 3D 传感技术进行生物原理识别。这种 3D 传感技术的安全指数比目前常用的二维码支付更高，可以根据行业发展进行二次、三次指定动作、识别表情，既方便又快捷。

◆ 模式创新

在过去数年里，推动中国市场发展移动支付的核心是手机。在这个过程中，各大行业针对手机支付衍生了各种商业活动与措施。而随着刷脸支付时代的到来，支付终端将从智能设备再次回归到人。近年来，从阿里巴巴、京东、苏宁的商业模式创新中可以看出，三大电商巨头也期望刷脸支付可以打破手机给大众消费带来的限制。未来，商业支付模式将真正从用户、消费者的层面实现。

刷脸支付的高度普及将大幅提升大众消费的无感体验，从而提升大众的消费力度。高效便捷的刷脸支付相比传统支付，最突出的创新点在于减少了货币支付、二维码支付过程中消费者的失去感，从而大幅提升了消费者在商品购买过程中的获得感。在这种新模式的促进下，刷脸支付在不久的将来很有可能成为各大行业变革的核心。

◆ **产品创新**

2018 年 11 月，无人超市、无人餐厅相继在市场中出现后，阿里巴巴的无人酒店正式开业。这家酒店没有任何服务人员，大堂经理、保洁员全部由人工智能代替。当消费者到达酒店后，首先看到的便是一位接待机器人，它通过刷脸的方式记录消费者的身份信息，并将这些信息覆盖到酒店的所有场景中。这意味着消费者的脸成为他在这家酒店进行消费的通行证，他不需要任何服务引导，只需要采取刷脸支付的方式就可以享受酒店的所有服务。

这种方式不仅简便，而且安全度非常高。因为酒店的智能后台直接对接公安系统，消费者的身份信息、消费信息都将被双向核实，消费者在酒店住宿期间的信息安全也会受到严格保护。

在刷脸支付的应用中，市场诞生了各种科技产品，科技进步体现了时代的发展，而刷脸支付却体现了人类智慧的进步。

2.4.1 新媒体工具

现在的自媒体平台越来越多，许多想加入自媒体的朋友都有这样的困惑：如何选择这些令人眼花缭乱的自媒体平台？尤其是对于营销新人来说，到底要如何选择自媒体平台呢？抖音、微博和今日头条，无疑是当今市场上比较热门的 3 个新媒体平台。那么，这些平台各自有哪些优缺点呢?

1. 抖音

抖音是当下用户量最大、活跃度最高的自媒体平台，也是目前发展前景良好的自媒体平台。截至 2020 年 1 月 5 日，多家网络数据公司共同统计的《2019 抖音数据报告》显示，抖音的日活跃用户量已经突破 4 亿。相比其他的自媒体平台，抖音具有以下 3 个方面的营销优势。

（1）曝光度高

无论平台的用户基数、用户增长数，以及用户活跃度，抖音在一天 24 小时的各个时段都保持着短视频内容较高的曝光度。这种曝光度非常有利于网络营销的推广，且容易在用户心中树立品牌形象。

（2）群体分布全面

《2018 抖音大数据报告》显示，抖音的主要用户年龄已经从 18~24 岁上升到 24~30 岁。其中，男性用户约占 40%。从这种增长趋势可以看出，未来的抖音不仅是年轻人的商业、娱乐社区，而且会成为一个全年龄段人群的自我展示平台。抖音的影响力也将覆盖到社会的各个群体中，因此抖音的发展将无限延伸。

（3）话题性与互动性较高

抖音保持超高用户活跃度的主要原因就是其拥有极具话题性与互动性的视频内容。对于商业营销而言，用户反馈、用户互动是产生品牌效应的关键点。一个品牌要想通过网络营销产生市场效应，就需要经过信息触达、唤醒、反馈 3 个用户阶段，而抖音的视频表达方式可以大幅缩短品牌与用户之间的距离，增强营销的品牌转化，从而提升平台的整体营销效果。

2. 微博

在自媒体领域，只有微博保持了常年活跃的发展态势。经过微信的挑战和新兴自媒体平台的冲击，微博依然可以保持较高的活跃度，也足以证明其强大的生命力。2019 年 11 月，微博公布了第三季度财务报告，其月活跃用户为 4.97 亿人，日活跃用户为 2.16 亿人，同比前期数据呈增长趋势。2019 年的第三季度，微博共营收

33.18 亿元。其中，广告营收为 29.28 亿元。在用户的数量增长与活跃度方面，微博整体流量和互动量保持同比两位数的增长，话题数量同比提升了 67%，超级用户发布微博内容的次数同比增长了 54%。

事实上，自 2017 年开始，微博的定位已经从社交转变为媒体，因此每当热门事件发生时，第一时间跟进的一定有微博。用户可以在微博上看到及时的图、文以及视频等信息。自媒体则能够通过发布相关的信息或评论吸引用户的关注。点赞、评论、转发等丰富的互动机制也让微博中的信息得到广泛的传播。爆发式传播的特点在微博体现得淋漓尽致。

3. 今日头条

新闻端的今日头条在社交媒体时代能够后来居上，甚至与微博、微信同台竞技，正是因为它采取了完全不同的策略，它更加注重机器算法、文章分发。

在今日头条的平台上，只要文章是原创的、质量不差，并在标题上下功夫，那么即使没有关注者，也有机会得到不错的推荐量。从这个角度来看，这种方式可以弥补微信、微博初期关注者少、资源积累慢的劣势。但今日头条的缺点也显而易见，到底什么样的文章才算得上是好文章呢？一切只能交给机器来判断。所以即使创作者自认为文章质量非常好，但可能因为标题的吸引力不强等原因，导致其推荐量远远不如预期。

对没有关注者基础的自媒体作者来说，今日头条是初期积累关注者的重要平台。但今日头条平台主打的还是新闻资讯，如果标题与内容不够吸引眼球，那也很难取得一定的推荐量。同时，对于作者来说，如何让关注者记住自媒体，而不只是把文章当作新闻一看了之，这也是一门值得深入研究的学问。

2.4.2 资讯平台

今日头条是典型的资讯平台，这类平台更注重资讯的推送，而非与用户的互动。因此要想利用资讯平台做网络营销，就必须得有优质的资讯文章。

1. 夺人眼球的标题

好的标题是资讯文章成功的一半。在碎片化阅读时代，在用户了解文章的大概内容之前，他们一般不会轻易花费大量的时间阅读长篇文章。因此为资讯文章拟一个足够简洁、引人注目的标题显得尤为重要。例如，《记者观察：网上项目外包风生水起》《终于，多功能车开始用安全诠释豪华》等。

2. 广告信息巧妙融入

自媒体要想使流量变现，就离不开各种广告信息，包括广告赞助商的广告以及微信、微博账号中的广告。因此资讯类文章的关键词就在于这些广告信息，这也是赞助商入驻资讯平台的重要目的。但广告信息必须要巧妙融入，只有让广告成为内容的一部分，才能让读者看不出广告的痕迹。否则，效果有可能适得其反。

3. 紧跟时事热点

在创作资讯文章时，要尽可能地紧跟时事热点，体现资讯的时效性。与此同时，紧跟时事热点也能够让资讯文章借势传播。在信息大爆炸的今天，时事热点并不难找，难的是如何选择。此时，大众普遍关注的时事热点无疑是很好的选择。为了借势，自媒体既可以对时事热点进行评论解说，也可以将之作为关键词进行再创作。

2.4.3 社交新平台

如今的互联网时代也被称为社交时代。随着自媒体时代的到来，新兴社交平台（例如，抖音、快手等平台）的日活跃用户均过亿。抖音、快手是移动互联网时代重要的自媒体平台，二者已经成为移动营销者的必选阵地。相关营销从业者要想在抖音、快手等自媒体平台发布信息，就要发布符合该平台特色的信息。

1. 抖音

抖音具有极强的活跃度，视频内容也保持着较高的话题性与互动性。因此通过抖音进行网络营销时，企业需要选择符合平台主流倾向的视频内容。在抖音发布短视频时，企业要站在用户的角度思考，最好的方式是将营销内容以话题性、互动性的方式呈现。

2. 快手

事实上，快手比抖音出现得更早，而且快手引领了自媒体时代的发展。相比抖音，快手中的内容更贴近生活。如果说抖音是在做潮流前沿的相关内容，那么快手就是在打造生活社区。因此通过快手营销时，企业要从生活的角度出发，发布实用性强、贴近大众生活的视频内容。

2.4.4 音视频平台

很长一段时间以来，在移动端观看音视频内容都是一件奢侈的事。然而，随着移动互联网的迅速发展，随时随地浏览音视频内容成为常态。此时，音视频自然也成为网络营销，乃至爆发式营销的重要载体。

1. 内容为本

音视频营销的关键在于内容即媒介，视频内容决定了其传播的效率。在爆发式的视频营销中首先要保证自己的爆发点足够强大。

一个出色的视频甚至能够让视频内容“长出脚来”，促使用户主动传播。因此在创作视频内容时要抓住目标用户的心理需求，让视频具有卖点和看点，以经典、趣味、新奇的内容吸引用户进行主动传播，从而达到爆发式营销的目的。

2. 互动为器

音视频的创作是为了营销，除非你有足够的创作能力，否则，切勿投入过多的精力在创新上。在音视频创作中，只要充分考虑用户的需求，就能赢得用户的认可。

2.4.5 其他平台

互联网时代为网络营销提供了丰富的营销工具，除了资讯平台、社交平台、音视频平台之外，传统的论坛、移动端的 App 以及 LBS（基于位置服务）、O2O、支付宝等都可以成为营销内容的载体。

面对如此众多的营销平台，很多人在选择时已经眼花缭乱。事实上，网络营销的关键不在于工具本身，而在于对工具的利用。只要找到适合自己的营销工具，并针对该工具的特点结合自身的特点，策划一次成功的网络营销并不难。

例如，麦当劳与百度地图合作推出的“满城开跑抢樱花”活动就是一个成功的案例。当用户参与该活动时，百度地图会根据用户位置找到最近的麦当劳甜品店并规划路线，如果用户在规定的时间内到达甜品店，就可以免费获得麦当劳新品——樱花甜筒。在短短两周的时间之内，该活动的网站主页访问量超过 2000 万，分享次数超过 50 万，社交曝光量接近 7000 万！

阅读静思

1.营销的本质问题如何影响营销形式的发展？

2.在营销的市场、消费者、资源、工具中，哪个因素对营销的决定价值最大？

3.如何界定和分类网络营销的消费者？

4.除了本章介绍的网络营销工具外，你知道的还有哪些网络营销工具？

第 3 章

网络营销的市场问题

要点导读

1.理解需求、定位与冲突等概念

2.了解网络营销中的市场问题

案例3-1

瓜子二手车眼中的市场

近年来，二手车市场迎来一段快速发展时期，其中，最为突出的就是瓜子二手车。

市场咨询机构 Millward Brown（华通明略）最新的二手车电商渗透率调查数据显示，在二手车电商成交的用户中，经过瓜子二手车直卖网成交的数量占总交易量的 51.4%；排在第二名的是人人车，占总交易量的 18.9%；排在第三名的是 58 同城，占总交易量的 14.6%；排在第四名的是优信二手车，占总交易量的 4%。

自 2015 年 9 月瓜子二手车正式上线以来，它只用了短短两年时间就占据了网上二手车交易市场的主导地位，其交易量甚至达到人人车的 2.7 倍。这样的成绩离不开瓜子二手车最初的市场定位。

市场定位是指针对市场竞争建立自己的优势位置，瓜子二手车又是如何确定自己的市场定位的呢?

瓜子二手车起步于赶集网的“赶集好车”。随着汽车市场的高速发展，在新车之外，二手车市场也逐渐繁荣起来。但当时的二手车市场仍然集中于 4s 店、车商等线下交易。

在这样的市场背景下，杨浩涌看到了网上二手车交易的巨大机会，并毅然决定二次创业。在那个仍然由新车主导的汽车环境中，杨浩涌却看重二手车市场，将网上二手车交易作为创业起点，从此瓜子二手车成为汽车市场中的一匹“黑马”。

看准机遇的人有很多，但能够把握住机遇却非易事。随着优信二手车、平安好车、人人车等企业开始转型线上，网上二手车市场变得更为复杂。

多家企业共同竞争，多种模式同台竞技：企业对企业模式（Business to Business，B2B），即车商卖给车商；消费者对企业模式（Customer to Business，C2B），即个人把车卖给车商；个人对个人模式（Customer to Customer，C2C），即个人与个人之间交易……网上二手车交易的模式开始分化，不同的模式各有优缺点。

瓜子二手车又该如何做好自己的模式定位、应对市场竞争呢？它选择了 C2C 模式。在确定模式的同时，瓜子二手车也就确定了竞争对手。瓜子二手车将竞争对手分为 3 类：第一类，传统的线下交易，例如，4s 店、车商等；第二类，其他网上不同交易模式的二手车，例如，优信二手车、平安好车等；第三类，相同模式竞争的二手车，例如，人人车。为了在与 3 类竞争对手的竞争中脱颖而出，瓜子二手车将自己的市场优势定义为直卖。

直卖这个词是怎么来的？直卖是针对传统的线下交易而提出的。传统的线下交易最大的特点就是个人卖家直接把车卖给个人买家，所以我们把这种交易模式命名为直卖。

简单的自我定位将瓜子二手车与传统线下交易、B2C、C2B 模式区分开来，而面对同种模式的竞争者，瓜子二手车又该如何做好进一步的定位呢？

杨浩涌选择了更加激进的方法。仅在第一年，瓜子二手车就投入高达 10 亿元的广告费，这种做法显然引起了业内人士的广泛质疑："生意还没开始做，就投入那么多资金，会不会有较大的风险呢？"

时至今日，这种质疑声逐渐消散。因为瓜子二手车的市场交易额已经超过 200 亿元，成为网上二手车交易乃至整个二手车市场中的佼佼者。

随着科学技术的进步、管理水平的极大提高，社会的供求关系发生了变化，消费者开始占据主导地位。一方面，竞争的加剧使消费者要面对更加纷繁复杂的商品和品牌选择；另一方面，随着人们收入水平的提高，对于商品的需求也在向更高层次发展。这些都是导致消费者的价值观呈现不同以往的原因。

互联网的出现给人们带来了现实生活之外的另一个虚拟空间，人们的工作、学习、生活方式都在发生变化。但反过来，人们变化的价值观也在影响着互联网的发展。实际上，互联网的发展与普及正是因为它顺应了人们价值观的转变。互联网展现出极大的吸引力，不难想象，互联网最终将为整个人类的生存与发展带来越来越重要的影响。

3.1 需求

3.1.1 网络营销需求的背景

1. 从学术网络到大众媒体的演变

早年的互联网是高新技术的象征，主要在世界各国的工程技术领域和大学中传播。人们利用互联网从事的主要是一些与学术或技术相关的活动。1994 年以前的互联网被称为学术网络或技术网络。

随着时间的推移，特别是在 1995 年之后，随着万维网（World Wide Web，WWW）技术的普及，互联网发生了根本的变化，从学术网络迅速演变为简单的大众媒体。网络开始深入人们生活的方方面面，引起了整个社会的变化。这些变化主要体现在社会的网络化进程、经济的全球化进程、贸易的自由化进程 3 个方面，即我们通常说的当代人类社会发展的三大进程。这三大进程在 20 世纪 90 年代初期产生，直到 21 世纪的前 20 年都是驱动人类社会发展的重要力量。

2. 网络应用的主流方向

（1）信息传播

信息传播是指人们通过互联网了解新闻、传送信息、查阅资料、在线学习、收发电子邮件、收发文件等活动。例如，新浪、搜狐、网易等网络门户网站和社区门户网站都是信息传播的典型代表。

（2）电子娱乐

电子娱乐是指人们通过互联网和 VR 玩游戏、聊天、沟通、联谊、交友等。例如，盛大、巨人、任天堂等网络在线游戏企业以及腾讯网等都是电子娱乐的典型代表。

（3）电子商务

电子商务是指企业通过互联网开展的商务活动。这些商务活动包括网上信息发布和市场信息获取、在线信息搜索和查询、电子采购、产品销售、网络营销、售前/售后服务、技术咨询和技术服务、电子/在线支付等。例如，早期出现的一些网络商城和企业电子商务网站等，和讯网、中国粮食贸易网、中国国际电子商务网、环球商务网等都是电子商务的代表。

互联网已经由一个纯学术、技术研究和沟通的工具发展为一个大众化的信息交流平台。互联网的产生不仅标志着技术发展的日益成熟，而且为企业利用其开展网络营销活动提供了极好的平台。

3. 信息获取模式的改变

20 世纪 90 年代中期以来，随着互联网的普及，人们在日常生活和工作中获取信息的渠道开始从传统方式向网络空间转移，整个社会活动趋于网络化。

（1）人们有需求时如何查找信息

为了说明当代消费者信息获取模式的变化，可以设想以下两个场景。

场景一：当一个人收到一张名片、看到一个广告、听到一个消息并对其中的内容感兴趣时，他会通过什么样的渠道和方式进一步获取信息呢？

场景二：当一个人出于工作和生活的需要，想要了解某项业务、服务、产品时，他会通过什么样的方式进一步获取信息呢？

绝大部分人的答案是：互联网。这充分说明，现在人们获取信息的方式发生了根本性的变化，企业的营销策略一定要随之跟进。

（2）消费者信息获取模式的改变

“有需求上互联网搜索”这种方式已经成为当代人获取信息的重要渠道。企业消费者在对产品（例如，业务、服务）有需求时，同样也会上互联网搜索。在互联网上查询信息时会发现，互联网上的信息铺天盖地，对那些能将信息最先展示给有需求的消费者、能吸引消费者注意并抓住这些信息的企业来说，互联网营销非常重要。

（3）人们的生活已经离不开网络

现在，人们的生活已经离不开网络。例如，以下日常场景。

① 人们回到家或到办公室的第一件事就是上网查收电子邮件。

② 人们在出门或出差前，会先上网查询目的地的天气情况。

③ 人们在繁忙的工作之余，若有短暂的休息时间，则会上网浏览新闻或娱乐信息。

④ 人们通过电子邮件、电话、社交软件等方式进行沟通和交流。

⑤ 人们通过网上银行和电子商务系统购物、缴纳各种费用、理财、管理个人账户等。

⑥ 人们学习、查资料、搜索信息的首选途径不再是去图书馆或通过传统媒体，而是通过搜索网络门户、搜索引擎、网络图书馆和在线信息资源库。

⑦ 日常办公文件、商务单证的处理和传递大部分都是通过网络来完成的。

⑧ 学生选课、查成绩和学分、交作业、与教师交流等可以通过网络进行。

3.1.2 消费者需求的新特征

1. 消费者的个性化逐渐增强

客观来看，随着市场经济的发展，商品日益丰富，这是消费者按照个人意愿选择和购买商品的基础；激烈的市场竞争使商家不断地对市场进行细分，商家的信息挖掘一方面来自消费者的客观需求，另一方面也强化了消费者的个性化需求。

网络时代的消费者要求企业能够生产定制化的产品，他们会把自己对产品的外形、颜色、尺寸、材料、性能等多方面的要求直接传递给生产者，而不愿只接受商店提供的有限商品。随着技术的不断进步，网络时代的消费者将亲自参与商品的设计与生产，因此有人把网络时代的消费者称为产销者。同时，网络时代的消费者要求商品具有多样性，因为他们的消费心理和消费行为会经常变化。

2. 消费者信息获得的主动性增强

网络时代的消费者不习惯被动接受，更习惯主动选择。他们希望能够在互动的环境中充分发表自己的意见，希望自己对商品的评价能够得到反馈，自己的要求能被及时满足。一般情况下，消费者会拒绝在信息沟通不充分、信息不对称的环境中购物。

3. 消费者对购买方便性的需求与购物乐趣的追求并存

一方面，随着人们生活节奏的加快，消费者会对购物的方便性提出更高的要求，追求时间和劳动成本的最小化，尤其是那些需求和品牌选择都相对稳定的日常消费者。另一方面，由于社会劳动生产率的提高，人们可供自由分配的时间增加了，购物已经成为某些消费者的生活乐趣。

4. 消费者对品牌的追求与实用性的消费理念并存

目前，大部分人的消费行为越来越多地受到实用性消费理念的影响，消费者已经不愿再为外在的品牌支付更多的费用，他们更注重产品或服务的质量与价值。谁能准确地发掘消费者或细分市场的需求，谁能了解每个细分市场消费者的特征，谁就能更好地获得消费者的信任。

与传统营销相比，网络营销在很多方面都表现出对这些顾客新需求的更强的适应性。

3.1.3　网络营销与消费者需求

1. 网络营销能满足消费者对购物便利性的需求，提高消费者的购物效率

网络营销是集购物的便利性与娱乐性于一体的新型购物模式。售前，消费者可以在网上获得足够的产品信息与相关资料，便于其对同类产品的性能、价格等进行比较，从而做出购买决定。例如，对于准备购买私家车的消费者而言，其可以通过网络查询到目前市面上大部分品牌的汽车信息，并且可以了解到不同品牌汽车的性能、价格指标，还能参考大量消费者的评价。此外，在售后服务方面，网络也给消费者提供了很大的支持与帮助。总之，网络营销能最大限度地简化购物环节，节省消费者的时间和精力，使消费者真正乐在其中，享受购物的快乐。

2. 网络营销能满足价格重视型消费者的需求

根据 CNNIC 的最新统计数据，在有过网上购物经历的消费者中，43.67% 的消费者选择网上购物的原因是网上的大部分商品的价格比较便宜。在传统的营销渠道中，无论买方和卖方都避免不了这个事实：买入和卖出的差价、大量的差旅费用、流通环节的费用、货款拖欠及利息损失、仓储费用、异地运输费用、人员的管理费用等。网络营销渠道却能够帮助企业和消费者把这些费用省下来。网络最大限度地呈现了买卖双方的信息，缩短了商品流通的周期。零售商与生产商联手，减少了许多中间环节，使商品价格低于传统流通渠道中的商品价格，从而对消费者产生越来越强的吸引力。总之，网络为消费者的消费提供了全新的方式，满足了消费者个性化、互动性、便利性和娱乐性的购物需求。因此越来越多的企业把网络营销整合到公司的营销计划中。由此可见，网络营销的前景不可估量。

3.1.4 创造需求

1. 找出消费者需要什么

（1）无论你的公司规模如何，都要用专业知识和礼貌谦和的态度来对待网络消费者。

（2）首先，要告诉消费者，你是一家正规合法的公司，你始终对自己的产品负责。如果可能，在公司官方网站主页上说明你的具体服务内容和相关的产品保证。然后，你要告诉消费者你非常在意消费者的满意度。

（3）通过与消费者的沟通，传达企业的可信度，要迅速答复所有消费者的电子邮件中的询问。

（4）当消费者发电子邮件询问时，企业在回信中使用的措辞要尽量人性化、专业化，为消费者尽量提供精准的服务。

2. 便于联系

（1）在网上做生意，消费者会认为在 24 小时中，不管什么时候来到商家的网站都是受欢迎的。

（2）消费者希望订单能得到快速处理。

（3）对网上购物的消费者来说，最讨厌的事情就是咨询的问题石沉大海，或者答复姗姗来迟，因此商家要做到即时反馈。

（4）通过电子邮件提高消费者的忠诚度，感谢消费者对本公司的关注。用电子邮件的方式告知消费者大减价、特别折扣或新产品的信息及优惠活动等。通过发电子邮件的方式让消费者知道公司最新的情况。在电子邮件中，要为不愿意收到这些电子邮件的消费者提供选择退出的方法。

（5）用电子邮件与消费者沟通时，要确认所写的内容正是你想表达之意。这要从电子邮件的标题开始，保证标题正确地反映电子邮件所要表达的内容。

（6）让信息读起来有趣。信息应尽量简短，可采用短句和主动句来表达。尽可能使用项目列表或标题形式的文字，认真校对所有信息，陈述一些具体的事情，还可以加一句话表示对消费者的重视，落款要留下个人的名字和职称。

（7）表现专业水准。不要居高临下地与消费者说话，不要随意猜测，尊重别人也是在尊重自己。在回复消费者的问题时，要尽量体现自己的专业水准，对网络消费者可能不理解的词语或术语给予完整的解释。

3.2 定位

案例3-2

毛豆新车网的互联网定位

2019 年 1 月 14 日，中国汽车工业协会发布的《2018 年汽车工业经济运行情况》显示，2018 年汽车工业总体运行平稳，受政策因素和宏观经济的影响，汽车的整体产销量低于年初预期。不过在常规汽车销售模式遇冷时，互联网新型汽车零售业却获得了快速的发展。其中，最具代表性的是毛豆新车网。

相比传统的销售行业，互联网新型产业最重要的资源是渠道。有了线上渠道的拓展，新型商业模式可以帮助传统经销商拓展一些新领域。

毛豆新车网最大的特色不是线下产品，而是线上解决方案。尽管这家网站对外销售的仍然是汽车，但我们可以发现，它为消费者提供的不仅是产品，而是一整套完整的买车、用车方案。毛豆新车网的金融和售后店既彼此独立，又融为一体。在发展的过程中，二者相互支持、相互促进。在这种互联网的营销模式下，毛豆新车网迅速激活了国内三四线城市的汽车市场。

很多人认为毛豆新车网采用的就是互联网融资租赁模式。在国内，这也是最常见的互联网营销模式之一。简而言之，它就是指出租人根据承租人的请求与各大汽车生产商订立供货合同，并根据合同要求出资购买相应的产品。之后，出租人与承租人签订一份租赁合同，将购买的产品出租给承租人，并收取一定的租金。

租金成为出租人获利的主要途径。租金中既包括产品本身的价值，又包括产品贬值的成本以及利息、风险控制、利润等多项因素。不过与普通的融资租赁模式不同的是，毛豆新车网销售的租赁产品有多个平台为消费者分摊成本。它不一定要求每辆车都通过金融机构的方式购买，它可以通过各种平台的解决方案帮助消费者进行更合理的消费，在提升消费者生活品质的同时又令金融机构、汽车生产商获得更大的市场空间。

2019 年 8 月 1 日，毛豆新车网携手上汽大众、上汽通用雪佛兰、东风悦达起亚三大品牌举行了“三千万福利大放送 千台好车免首付”的超级品牌月活动，获得了大众的广泛好评。

在这种发展模式下，毛豆新车网又通过“首付 3000 元起开新车”的低门槛活动帮助汽车经销商赢得了更多的消费者。这种互联网营销模式不仅引领了行业发展，而且获得了消费者的支持与认可。

根据毛豆新车网官方数据，截至 2019 年 6 月，毛豆新车网合作车企已经超过 30 家，网内销售车型超过 140 个。同时，毛豆新车网还公布了 2019 年上半年平台的新车交易量，相比 2018 年上半年同比增长 200%。在这个行业中，毛豆新车网的数据规模堪称第一。

什么才是真正的网络营销？关键就在于精准定位，毛豆新车网通过互联网新型营销模式为汽车生产商、经销商、消费者创造了一种区别于常规营销模式的新型渠道，并精准定位双方的需求点，通过平台协调运作，即在保障生产商、经销商以及自身利益的基础上，将消费者的用车需求合理化、高性价比化，从而形成一种独一无二的互联网营销模式。

3.2.1 传统营销和网络营销目标市场定位的差异

传统营销目标市场定位的选择是单向的，企业可以拿着生产出来的产品到市场上寻找消费者，也可以根据细分市场所选定的消费者群进行生产，从而满足这一消费者群的需求。

网络营销的目标市场定位是双向的：一方面，营销者必须根据网上用户的各种情况做好市场细分工作，选定自己的目标市场；另一方面，营销者又必须从本国电子商务发展的实际情况出发，了解自己的产品和服务是否适合网络销售。

3.2.2 网络营销目标市场的选择标准

一个好的网络营销目标市场的选择应当具备以下条件。

第一，该网络营销市场有一定的购买力，能取得一定的营业额和利润。

第二，该网络营销市场有尚未满足的需求，有一定的发展潜力。

第三，企业有足够的能力满足该网络营销市场的需求。

第四，企业在该网络营销市场中有一定的竞争优势。

3.2.3 网络营销市场定位的步骤

1. 识别竞争优势

企业需要在充满竞争的网络市场中找到自身优势，这个步骤往往是通过找到自身与竞争对手间的差异来完成的。这些差异主要体现在 4 个方面：产品差异、服务差异、人员差异、品牌差异。网络营销企业差异的具体体现见表 3-1。营销企业需要从差异中选择企业的优势，这些优势可以使企业更准确地找到切入点，增强企业在网络市场中的竞争力。

表 3-1　网络营销企业差异的具体体现

差异	体现
产品差异	使自己的产品区别于其他产品，可以通过价格、质量、附加服务等实现
服务差异	使其与产品相关的服务不同于其他企业，包括消费者体验、消费安全性、售后服务等
人员差异	通过雇佣和培训比竞争对手更优秀的人员，从而取得更强的竞争优势。对于网络营销企业来说，能恰当地把握企业的经营模式和特点，重用具备网络营销技术和理念的人员，对于企业的经营和发展至关重要
品牌差异	树立好品牌形象，使企业品牌不同于竞争对手。作为网络营销企业，良好的品牌形象往往体现在营销过程的安全、便捷、诚信等方面

2. 选择合适的竞争优势

网络营销企业可以通过找到自身与竞争对手间的差异来获取竞争优势，但此时往往可以列出多种竞争优势，企业需要从若干个潜在的竞争优势中选择，建立自己的市场定位战略。选择合适的竞争优势主要是指，该优势能使企业在目标市场中有足够的发展空间，进而获得最大的利益。

对于同一家企业来说，合适的竞争优势也会随着企业的发展而不断变化，企业应及时把握现阶段自身的竞争优势，并适当调整自身的市场定位。例如，阿里巴巴的市场定位是为中小型企业提供贸易服务。这里的贸易服务包括国内贸易和国际贸易。其中，它的定位重点放在了国际贸易上。而这与阿里巴巴早期的市场定位不同，其在发展初期将定位重点放在国内贸易上。因为那个时期，阿里巴巴的竞争优势主要体现在能向消费者提供服务和贸易理念上，商务资源对于阿里巴巴来说还比较匮乏。经过一定时期的积累，如今的阿里巴巴已经聚集了大量商家。其中，以中小型企业为主要服务对象成了阿里巴巴现今的最大优势，国内的中小型企业希望加入国际市场，而国外的很多企业希望加入中国市场。因此阿里巴巴利用已经聚集的巨大的商务资源接轨国际市场，找到自己的市场定位。

3. 市场定位的传播和送达

要想选择好市场定位，就必须采取适当的步骤把理想的市场定位传达给目标消费者，企业所有的市场营销组合都必须支持这一战略。网络营销企业可以采用传统和网络相结合的方式传递市场定位。例如，知名饮品"王老吉"的市场定位是具备清火功能的功能性饮料。它摒弃了不被大多数人接受的"凉茶"概念，将一句"怕上火，喝王老吉"作为宣传语，通过电视、广播、杂志、网络等媒体宣传，它的市场定位已深入人心。

在人们渐渐接受并喜欢上此类产品后，之后的同类竞争产品便开始以"凉茶"的概念进入市场，将老字号、传统、正宗等作为诉求重点进行宣传，也取得了较好的效果。因此同类产品在进行市场定位时，不一定只按照一个标准，而应按照当时的市场情况进行恰当的选择。在具体的网络营销定位中要注意避免出现以下失误。

(1)定位不明显

有些企业定位并不明显，消费者认为它与其他企业并无差异，显示不出企业自身的特点。

(2)定位过于狭隘

有些企业恰好相反，定位过于狭隘，无形中使消费者忽视了企业在其他方面的优势。

(3)定位模糊

购买者对企业的品牌形象相当模糊。出现这种情况可能是因为企业的诉求点太多，也可能是企业的品牌定位频繁更换所致。

(4)有疑问的定位

由于企业没有注意品牌的整体形象，因此容易造成一些矛盾的定位宣传。

把握好网络营销企业的市场细分和目标市场定位一定要结合传统市场细分和目标市场定位的标准和方法，而不是简单照搬，应该按照网络营销的特征及自身企业的状况分析网络市场的现状，获取适合网络营销企业的细分和定位方案。在互联网高速发展的今天，网络营销也在不断的发展变化中呈现新的特点。这对网络营销企业提出了更高的要求，掌握科学的市场分析方法以不变应万变是企业在复杂的网络环境中制胜的关键。

3.2.4 网络营销的五大定位

在做网络营销时，要做的第一件事就是定位。不同的定位决定了企业不同的策略方向、不同的发展渠道。定位准确就等于选对了方向、锁定了目标。

网络营销定位主要包括 5 个方面：赢利模式定位、核心竞争力定位、目标消费者定位、核心产品定位和品牌差异化定位。

1. 赢利模式定位

在一般情况下，当我们要去另外一个地方时，有很多到达目的地的方式。如果距离比较远，则可以选择乘坐飞机，可以选择乘坐火车，还可以选择乘坐轮船；如果距离比较近，则可以选择乘坐汽车，可以选择骑自行车，甚至可以选择步行。这些到达目的地的方式在市场营销中就相当于可以选择的赢利模式。选择的过程就是定位的过程。

（1）不同的赢利模式，不同的网络营销策略

企业在进行网络推广时必须清楚自己的赢利模式到底是零售、招商，还是批发。因为不同的赢利模式需要不同的网络沟通对象。一个网站最好只有一种类型的消费者。例如，零售类网站只针对终端消费者，招商类网站只针对加盟商，批发类网站只针对批发商，即不同的网站有不同的赢利模式，不同的产品有不同的营销策略。对于这一点，企业在运营网站时一定要明确。

网络营销离不开关键词。什么样的关键词适合在什么样的平台上使用都是有要求的。企业在进行网络营销的时候必须在标题里植入关键词、优化关键词，让描述的语言更准确，方便消费者找到自己所要营销的产品。

在确定了网络的赢利模式后，需要找出与之对应的关键词。网络赢利模式关键词见表 3-2。

表 3-2 网络赢利模式关键词

赢利模式	关键词
招商加盟类	招商、加盟、批发、代理、经销、总代理、代理商、批发商、项目投资、品牌加盟
直销类	厂、工厂、厂家、加工、批发、代理、加盟、招商、连锁、公司、供应商、总代理、生产厂家、采购、分销商
零售类	买、卖、直销、网店、订购、厂家直销、促销、定制、团购、礼品
服务类	品牌、机构、公司、服务、专家、策划、培训、课程

（2）可选择的网络赢利模式

一般来说，企业可以选择的网络赢利模式有以下 4 种。

① 展销类

展销类包括“形象展示 + 销售”的 B2B 平台或者 B2C 平台。批发和招商加盟的是 B2B 平台，直接零售的是 B2C 平台。

② 交易类

交易类包括直接零售的 B2C 平台与批发和招商加盟的 B2B 平台。

③ 门户类

门户类包括针对广告业务和会员的 B2B 平台。

④ C2C 平台

比较典型的 C2C 平台是淘宝商城。

企业具体选择哪一种赢利模式，要根据自己所经营的业务有针对性地选择。

（3）选择赢利模式的关键

企业在选择网络赢利模式时要注意以下 5 个关键因素。

① 资源

企业要考虑自身的资源，尤其是人力资源和资金。如果企业在人力、资金和物力上都有保障，则可以考虑自己做网站。如果资源不够，则要根据实际情况，像很多企业那样，借力于淘宝商城。在选择发力点时，企业一定要找到自己在不同方面的优势资源。

② 经验

一家企业总是有自己特定的行业经验。例如，有些企业虽然擅长线下的传统营销，但转到线上却会手忙脚乱，因为它们没有任何网络营销经验。选择什么样的赢利模式，企业需要结合自己以往的经验权衡后再做决定。

③ 市场规模

在网络营销中，企业必须清楚自己所做的这个行业有多大的市场空间，这个市场是红海还是蓝海，以及企业是否做好了充足的准备来应对市场竞争。

④ 竞争态势

企业对于竞争对手的情况应该了如指掌。例如，企业目前的竞争对手是谁；竞争企业在互联网和传统渠道中的营销策略是什么；企业自身有什么竞争优势。

⑤ 忍耐时间

忍耐时间的意思是选择一种赢利模式后，公司在预计的时间内能不能撑下去，或者说开展一个活动、做一个项目能否在活动期内收回成本。如果投入了巨大的成本却不能收回，或者公司倒闭了，那么公司的策略就是失败的。

企业在选择某种网络赢利模式时必须充分考虑各种因素后再进行科学分析。

2. 核心竞争力定位

一家企业要想在市场中占有一席之地，甚至拥有较高的市场占有率，就必须具备强大且与众不同的核心竞争力。纵观世界 500 强企业，每家企业都有其明确、独特的核心竞争力。例如，戴尔的核心竞争力是建立在直销之上的完整装配体系与供应链管理能力；沃尔玛的核心竞争力是消费者的忠诚度和出色的物流配送体系；麦当劳的核心竞争力是快速、标准化和餐厅的选址能力；可口可乐的核心竞争力是其秘密配方、独控品牌推广和管理供应链策略。正是因为这些企业拥有突出的核心竞争力，才能与众不同、才能很好地应对市场中的各种危机。

以上企业的核心竞争力主要是线下的。那么，在网络营销中，企业应该如何定位自身的核心竞争力呢？通常，在定位企业核心竞争力时，主要采用的工具是 SWOT 分析，即通过对优势（Strength）、劣势（Weakness）、机会（Opportunity）和威胁（Threat）4 个因素的考量确定企业的网络营销核心竞争力，从而优化网络营销方案。

具体做法如下所述：一是要通过定位寻找自己产品的特色卖点，这是吸引消费者购买的支撑点；二是要充分发挥和运用自己的优势，以区别于其他竞争对手；三是了解这个行业的背景，分析市场，判断在当前的情况下进行产品推广有没有很好的机会；四是找出自己的弱点和可能面临的风险，了解竞争对手对自己的冲击有多大，进而避开劣势、防患于未然。

在进行企业核心竞争力定位的过程中，企业应该做到以下几点。

首先，准确选择参照物。不管是优势、劣势，还是机会、威胁，都是相对于竞争对手而言的，只有通过比较才能得出结论。这个参照物不能随便找，必须准确。只有这样，参照物才具有参考价值。

其次，核心竞争力定位是基于互联网的，因此必须基于网络现状进行 SWOT 分析。

最后，在进行 SWOT 分析时，立场要客观，态度要端正，妄自菲薄和盲目自信都不可取。

一般来说，进行企业核心竞争力定位时，要考虑到业务方向、产品类别、市场细分、企业级别与档次、产品或者服务的替代性、资产状况、人力资源、渠道和消费者资源、企业的组织体系、市场预期、优势消耗等多种因素，将这些因素进行综合分析和比对之后得出最终的结论。

通过 SWOT 分析，企业可以定位自己的核心竞争力，从而使企业集中优势资源，为“以己之强，攻敌之短”打下基础。在网络营销实战中，懂得运用 SWOT 分析可以极大地提高企业营销的成功率。

当然，确定了企业的核心竞争力并不意味着企业就可以高枕无忧了，企业的发展是一个持续的过程，能够取得长期的收益才是企业最终的目标。

3. 目标消费者定位

市场的发展变化要求企业的生产和营销必须以消费者为导向，以消费者的需求为核心，消费者需要什么就生产什么。而不是以生产什么、卖什么为导向，除非产品独一无二，没有可替代性。

（1）谁是你的目标消费者

也许道理每个人都懂，但在实际操作的过程中却很容易选错目标消费者。在这个问题上，脑白金的做法值得借鉴。脑白金的目标消费者为中老年群体，所以它采取的是比较直接的广告形式，例如，大家熟知的电视广告语："今年过节不收礼呀，收礼只收脑白金。"而电视广告正是中老年群体获取信息的主要渠道。

（2）从目标消费者的角度去设计网站

确定了目标消费者后，一定要知道目标消费者需要什么样的产品和服务，并在企业网站或营销活动中将其体现出来。例如，小王主要做陆地和航空运输服务，却在网站上放了一张轮船的图片，结果有人打电话来询问："你们这儿每吨怎么收费？去韩国多少钱？"小王只能对消费者说："抱歉，我们不做海运。"而那些本来想找陆运和空运运输的消费者看到网站上的轮船图片，也会误认为这是一家做海运的公司。

这种现象很常见。网络营销要有明确的目标消费者，聚焦关键消费者群。做网站不能只为了页面好看，而是要站在消费者的角度去设计网站，满足消费者的需求。网站上展现出来的内容一定要是自己的核心业务、核心产品，这样才能有效地吸引消费者、留住消费者。

4. 核心产品定位

在进行网络营销时，企业最终的目的是推出产品。在网络上塑造形象、发布招商加盟广告等都是推荐产品的途径。因此在进行网络营销和广告投放之前，一定要准确定位自己的核心产品。

（1）什么是核心产品

核心产品应该代表企业的核心实力、核心技术。核心产品必须具有很强的竞争优势。核心产品应该具备以下特质：核心产品要具备或者代表这个产品的品类特点；通过核心产品，能够找到与消费者的沟通元素；核心产品能够带来延伸消费。

其中，能够带来延伸消费有着特殊的意义。一家企业一般不会只有一种产品，基本上都会有几种产品，甚至同一种产品也会分为不同的型号。

在做网络营销的时候，一定要记住：不能只为了单个产品而做营销，可以通过做核心产品营销来带动其他延伸产品，从而带动延伸消费。

（2）如何选择营销的核心产品

有优势、博眼球、能赚钱的产品可以被当作核心产品的首选，因为它们能直接产生效益，这是企业生存和发展的基础。企业对这种产品的营业额和利润是有要求的，最好能够占到营业或利润总额的 70%~80%。

有的产品虽然赚钱少，但是能够吸引消费者，也可以作为核心产品的备选对象，因为有时候不能只看眼前利益，而应该风物长宜放眼量，看到产品将来可能产生的收益。

（3）核心产品在网络营销中有什么作用

核心产品对于网络营销和企业推广而言到底能起到什么作用？例如，只要提到洗手间，大家会想到什么？可能多数人会想到马桶，因为这是使用最多的卫浴设备。在美加华卫浴活动中，企业就很好地运用了这个核心产品。

案例3-3

米其林的产品优势与网络效应

产品是体现品牌价值与品牌定位的关键所在。没有产品，一切都无从谈起。网络营销的手段很多，但最终必须通过具体产品来展现品牌网络营销的优势与特质。

米其林在汽车轮胎领域处于领军地位，不仅体现在米其林传统线下店铺的推广上，更体现在线上电商平台的网络营销中。

米其林的产品线相当丰富，从中端产品到高端产品一应俱全，但在米其林天猫官方旗舰店中，网站首页主打的则是具有极高性价比的浩悦。这款产品的定价为 639 元，是大众可以接受的价位。所以米其林对于网络营销有了一个精准的定位，即生产大众化产品。

在网络营销中，营销定位是由消费者的需求决定的。消费者之所以选择通过网络购买产品，是因为它比线下的性价比高，消费者可以以优惠的价格买到心仪的产品，所以米其林的主打产品正是那些具有高性价比的产品。在网络营销中，爆款产品是引流的关键，形成爆款产品后会在短时期内聚集大量的人气，随后流量被引至其他产品上，以此实现提高产品销量的目的。

米其林轮胎天猫旗舰店的营销模式也是如此，浩悦作为爆款产品起到了引流、提升产品销量的目的。在此基础上，其他产品同样得以曝光。尽管这些产品的销量有限，但对浩悦能形成补充，让米其林的产品线更加丰富，进一步满足不同消费者的需求。采用"爆款产品组合池塘产品"这种方式可以打造完善的网络营销模式。

核心产品对于企业的整个产品线来说有着很强的聚焦作用。当企业做双线（线上和线下）营销、当核心产品的曝光率最大化的时候，一定会吸引消费者、社会大众和媒体的关注，进而产生连锁效应，从整体上促进公司成长。

5. 品牌差异化定位

企业只有实行品牌差异化，才能够强化消费者记忆，在同质化产品竞争日益激烈的当下突出重围。

在市场中，只要提到售后服务比较好的家电企业，消费者一般会想到海尔；只要提到比较安全的汽车，消费者一般会想到沃尔沃。这不是说其他同类品牌的产品或者服务不好，这只是一个定位的问题，即通过这种功能角度上的品牌差异化定位强化消费者的记忆，给消费者一个思维导向——只要想到某句广告词或某句话，就能直接想到该企业，想到该产品。

我们还可以从其他角度进行品牌差异化定位。例如，从产品类别的角度进行定位，其典型代表是造"好空调"的格力、"一站式终身学习服务"机构新东方。又如，从产品材质进行定位，其典型代表是世界上著名的水晶制造商——施华洛世奇。

企业在定位的时候，不能直接把终端市场作为目标，而是要先锁定渠道，以渠道为主线去开发，之后再去做终端市场。因为只有找好了渠道，经销商、批发商才能帮助企业推广。

在进行品牌差异化定位的时候，企业不需要四处出击，只需找到适宜的市场空间并在此领域成为第一。因为在这个行业中已经有很多品牌了，再花精力去占领市场是比较困难的，但是可以通过细分市场做成某个领域、某个品类的第一，这样就可以凸显企业的品牌。

案例3-4

途虎养车的“互联网+”

途虎养车以其优质的养车服务为车主们熟知，途虎养车也是汽车后市场中难得的“独角兽企业”，其企业估值甚至超过许多新车、二手车销售企业。

2019 年 7 月 18 日，《融资中国》杂志在北京主办了一场“融资中国 2019 股权投资产业峰会”。这次峰会以“产业投资时代的 2.0”为主题，汇集了中国的顶尖投资机构、“独角兽”企业等一同探讨未来各大行业的发展趋势。在这次峰会上，途虎养车荣获了“2018—2019 年度最具商业价值企业”奖项。

自 2011 年途虎养车诞生以来，它一直保持着优质的发展态势。截至 2019 年 6 月，途虎养车在全国已经拥有 13000 多家合作安装门店以及 1000 多家工厂店，市场范围覆盖全国 31 个省，共计 405 个城市，注册用户超过 3500 万人次。在对途虎养车竞争优势的分析中，我们发现它最突出的优势就是其明确的自我定位，即不管采用什么模式都要把服务质量提高。

绝大多数努力聚拢汽车后市场的 O2O 平台都选择了轻资产模式，只做线上接单，而将线下服务全部交给加盟汽修店。这样的做法使企业很难控制线下的服务品质。当然，完全依靠自营的线下连锁店，又显得过“重”，会使管理难度剧增。因此途虎养车选择的方式是在零配件、轮胎领域实现集中采购、建仓囤货、集中配送；在消费模式上采用消费者线上下单，由合作汽修店完成线下服务；在门店管理上安排专门的管理团队。这样的做法在尽量减小资产规模的同时能够在产品上实现品质控制，再加上有专门的管理团队，因此能完善门店的管理模式。除此之外，对于合作的汽修店，途虎养车还会提供技师培训，另外，可以采用抽查、暗访、消费者评价的方式不断改善门店的服务质量。

相较于其他 O2O 平台的轻资产模式，途虎养车的盈利压力确实较大。经过我们的深入分析，途虎养车的轮胎、保养业务都能够实现盈利，只是该模式的运营成本较高。另外，在途虎养车的仓储物流、市场推广、系统开发等基础设施的完善方面，仍须投入大量的资金。但依靠投资机构的资金支持，途虎养车能够在这条道路上坚持下去，扭亏为盈并非难事。

途虎养车的成功模式更符合“汽车 + 互联网”的特征，是站在汽车连锁的角度借助互联网技术对汽车连锁模式进行改革，在弱化重资产色彩的同时以互联网等相关技术实现连锁店的优化整合。

如何理解产业互联网的平台模式呢？我们可以采取以下几种方式。

其一，产业。产业是该模式的基础。它要求我们基于对汽车后市场全产业链的深入理解，通过准确判断未来的趋势，拥有一定的行业资源获取整合能力。

其二，互联网。互联网是该模式的核心。它要求我们在熟练运用各种互联网工具的同时深刻理解互联网思维。例如，开放共享、大数据、“去中心化”等。

其三，平台。平台是该模式的升华。它要求我们通过产业双边或多边的连接，最终建立产业互联网生态圈，实现体系化、规范化的运作模式。

在明确产业互联网的内涵之后，途虎养车的运营重心也转移到平衡线下与线上的关系上。

◆ 明确门店的基础地位

实体门店的特点是什么？最突出的就是重资产。其资产之“重”有着全方位的体现：人力资源、仓储资源、存货资源、物流资源、门店资源……这些资源都需要投入大量的资金。即便通过联盟连锁、分享整合能够缩减一定的成本，但这仍然是一笔不小的开支。无法彻底改变的重资产模式使实体门店对资本的要求较高，这也导致实体门店的可延展性较差，整合速度较慢。然而，即便如此，途虎养车仍然再三强调线下门店的基础地位并对其给予了足够的重视。

◆ **融入互联网基因**

汽车后市场要想实现轻量化发展，就需要融入互联网基因。无论是从投资回报率、机会成本，还是从运营的可控性、爆发点的把握来看，互联网都拥有更加突出的可延展性。

借助互联网整合行业内外的碎片资源，途虎养车在线上完成了平台的搭建与运营；借助大数据思维，途虎养车实现了门店运营的规范化、科学化布局；借助电商思维，途虎养车开始追求供应链的快速响应；借助社交思维，途虎养车完成了低成本、高效率的推广；借助众筹思维，途虎养车吸引了更多的参与者。

3.3 冲突

网络营销是一场营销领域的革命，其市场性质、营销策略、营销管理等方面的变革都是对传统营销的巨大挑战。随着计算机技术的发展和互联网的普及，网络用户不断增多，为企业进行网络营销提供了实质性的基础条件。日渐成熟的网络技术，也为企业的高效网络营销提供了保障。网络营销站点、电子支付系统、实物配送系统等网络营销系统都已初具规模，这些都为推动我国网络营销的飞速发展奠定了基础。

虽然不少公司已经认识到网络营销的重要性，但只有少部分人认识到将网络营销与传统营销结合起来的重要性。网络营销应该支持公司的整个营销体系，它不是唯一的解决方案，而是整体方案的一部分。很多企业在实施网络营销时遇到的困难之一就在于网络营销与传统营销渠道的冲突。

3.3.1 冲突的概念

冲突是指对立的、互不相容的力量或性质（例如，观念、利益、意志）的互相干扰。例如，家庭和事业之间，工作和娱乐之间等。

冲突理论认为，冲突的发生是由于冲突双方的价值观难以契合所导致的。价值观通常是指一个人对外界的感知判断和自己的行为规范。价值观包含两个部分：一个是精神的；另一个是物质的。物质是精神的基础，即有什么样的物质基础，就会有什么样的价值观。冲突源自价值观，如果价值观统一，则不会发生冲突；价值观不统一，当双方难以说服彼此的时候，冲突就发生了。有了冲突，就要有解决方案；解决冲突就是营销的根本所在。

冲突的来源具体有以下几个方面。

（1）信息冲突

这是对事实或者数据的意见不一致。

（2）兴趣冲突

这种冲突以潜在的关注点、期望和需求为中心。

（3）结构性冲突

这种冲突总是与有限的资源相伴，而冲突往往是由有决策授权的个人来解决的。

（4）关系冲突

这种冲突与历史、沟通方式、信任有关。

（5）价值冲突

这是最难解决的一类冲突，因为它与价值观紧密相连，难以改变。

无论基于哪种冲突，我们都可以认识到：解决冲突是获得成长的机会，认识到冲突发生的原因就会产生相应的解决之道。也就是说，网络营销首先要洞察需求；洞察需求的目的是帮助消费者解决问题；解决问题的目的是为了获取利益。

3.3.2 网络营销与传统营销冲突

1. 网络营销与传统营销的差异

网络营销与传统营销在商业本质上是相同的，都需要企业通过一系列的经营活动达到满足消费者需求的目的，同时二者也有差异，主要体现在以下 3 个方面。

（1）营销市场环境不同

在传统的营销模式中，实体的市场环境因微观、宏观因素具有地区差异性、多变性和相关性。对企业而言，市场营销环境通过市场的不断扩大和自身因素的不断变化，对企业的营销活动产生影响。对消费者而言，消费者面对具体的商品，可以通过亲身体验实现整个购物环节的沉浸式体验，这样的购物安全性很高。而在网络营销中，市场环境是在虚拟平台上的全球市场。从企业的角度来看，互联网具有超越时间约束和空间限制进行信息交换的功能，减少了市场壁垒和市场扩展的障碍，使企业可以面对一个更为广阔、更具有选择性的全球市场。从消费者的角度来看，在网络营销的虚拟市场中，消费者看到的商品往往是企业网站对商品的数字化展示，消费者选择产品和购买的过程都是在网络中进行的。

（2）消费群体不同

在传统的营销模式中，有购买力和购买欲望的现有及潜在消费群体的分布非常广泛，消费者的消费心理会受家庭、生活方式、相关群体等诸多因素的影响且具有多变性，使企业在市场调研、目标定位、确定策略时的难度变大。网络消费者追求物美价廉、消费便捷，这些特定的消费群体使企业调研的范围缩小，市场定位更有针对性，营销策略更注重消费者的实际需求。这与传统市场的范围广、定位难、需求多形成鲜明的对比。

（3）营销策略不同

在传统的营销模式中，企业针对选择好的目标市场，利用各种方法形成一个组合策略，以实现企业的市场目标。这种策略简称“4P 组合策略”，即产品（Product）、价格（Price）、促销（Promotion）和分销渠道（Place）。“4P 组合策略”主要是从供应方的角度来研究市场的需求、变化以及如何在竞争中获胜。它重视的是产品导向而非消费者导向，以满足市场需求为目标。在网络营销中，消费者的个性化和感性化更加突出，使以产品为中心的“4P 组合策略”转变为以消费者为中心的“4C 组合策略”，即消费者需求（Customer need）、成本（Cost）、购物便利（Convenience）和沟通（Communication）。“4C 组合策略”强调的是，企业的营销活动应围绕消费者的需求进行，这与网络营销以个性化的消费者为中心是一致的。

2. 网络营销对传统营销的冲击

网络营销充分利用网络的各种资源，以强大的数据库、众多的商业站点等低成本的平台为基础获取更大的销售量，这种新的营销模式将对传统的营销模式产生很大的冲击。

（1）对产品生产方式的冲击

企业通过互联网可以就产品的任何问题在全球范围内进行广泛的市场调研，通过计算机预先设定的检验条件获得产品的调研信息，并通过数据分析了解产品和市场，也可以通过互联网测试消费者对产品的认识，对消费者市场和组织市场的消费偏好进行迅速跟踪和反馈。

（2）对定价策略的冲击

在传统市场中，由于区域和地点的差异，产品的定价会有所不同。但在网络市场中，由于信息的传播非常迅速，而且消费群体的主动性和信息收集能力都很强，所以消费者很容易通过互联网发现产品的价格差异，互联网将使存在差异的产品价格趋于一致。

（3）对营销渠道的冲击

传统的营销渠道大多是依靠中间商来实现产品分销的，过多的产品流通环节导致渠道之间存在大量的冲突和竞争。此外，在传统的营销渠道中，资金在规模和布局上存在限制，且产品的运行从企业到市场都是单向的；在网络环境中，企业可以通过互联网实现与消费者的直接联系、互动、交易，这种低成本、快速的渠道模式直接弱化了传统中间商的地位和作用。

3.3.3 网络营销渠道的影响因素

1. 产品特性

在选择网络销售渠道时，企业要注意产品的特性，虽然有些产品比较容易数字化或标准化，很多无形产品和部分服务都可以通过互联网实现远程传输，能够脱离对传统配送渠道的依赖，但是需要消费者亲自体验的有形产品和一部分无形产品还必须依靠传统的配送渠道来实现货物的空间移动。这就需要有相对完善的物流部门来辅助，否则，网络营销的效率将会大打折扣。

2. 企业实力

企业实力主要是指企业的资金实力和技术实力。一家企业建立自己的网站并不会耗费多少资金，关键在于建成之后，企业是否有相应的专业技术来维持网站的运营。如果企业的实力雄厚，开办自己的网站可以更好地为本企业服务；如果企业的实力单薄，利用网络中间商开展业务则更经济。

3. 目标市场

企业在设计营销渠道时要充分考虑目标消费者的特征。如果目标消费者与网络的关系比较密切，企业的产品信息可以通过网络及时地传播给目标消费者，那么企业就应该充分利用网络营销渠道；如果目标消费者很少接触网络，则企业要采用传统的营销渠道。

4. 渠道成员

在建立网络间接营销渠道时，必须考虑渠道中各个中间商的成本、覆盖面、信用、特色方面的因素，即网络间接营销的四大关键因素。同时，该四大关键因素也是选择渠道成员的重要依据。

第一，使用中间商信息服务时的支出。这种支出可以分为两类：一类是在中间商网络服务站建立网站的费用；另一类是维持正常运行时的费用。

第二，网络宣传能够波及的地区和人数，即网络站点所能影响的市场区域。对企业来说，站点覆盖并非越广越好，而是要看市场覆盖面是否合理高效，是否能给企业带来经济效益。

第三，网络信息服务商所具有的信用程度。目前，我国还没有权威性的认证机构对这些服务商进行认证，因此在选择中间商时，应注意这些中间商的信用程度。

第四，每个网络站点都有不同的用户。由于每个网站都要受到中间商的规模、财力、工作能力、服务态度的影响，在设计和更新的过程中，各个网站会表现出各自不同的特点，因而具有不同的访问人群。

3.3.4 网络营销渠道面临的困境分析

1. 网络营销生产企业与网络中间商之间的冲突

网络营销渠道是借助互联网实现消费者网上购物、消费者之间网上交易和在线电子支付的一种新型的商业运营渠道模式。相较于传统的营销渠道，网络营销渠道最大的特点是，除了有形商品的位置移动外，交易过程全部在互联网上完成。网络营销渠道类型如图 3-1 所示。

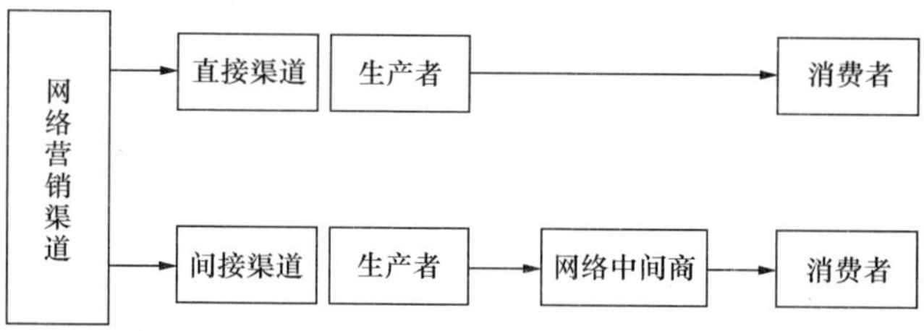

图 3-1 网络营销渠道类型

从图 3-1 中可以看出，互联网缩短了渠道的长度，减少了网络营销的中间环节，互联网的开放性和自主性也加强了渠道成员之间的沟通。

网络营销渠道冲突表现为多种形式：在生产企业选择多个网络分销商销售产品时，由于没有时间和地理区域上的限制，各分销商可能会同时面对所有的网上用户，从而引发冲突；为了扩大销售，分销商会降价销售，使大家的利润都降低；当厂商要求中间商执行某些特定的服务、促销活动、信息收集和反馈工作时，中间商没有真正执行，从而引发冲突；当生产商同时开展网络直销和间接销售时，其直销活动可能会对中间商造成影响，从而引发生产者与中间商之间的冲突等。

2. 中间商与消费者之间的利益冲突

不同的中间商对价格政策、折扣力度和奖励政策的满意程度不同，面对不同的中间商，消费者从中获得的价格、折扣、满意程度等也不同，这会直接或间接地影响消费者对品牌的忠诚度。

3.3.5 网络营销渠道冲突的原因分析

1. 渠道成员角色不一致

每个渠道成员都有可接受的行为范围。当某个渠道成员的行为超出其他成员可以接受的范围时，就出现了角色不一致的情况，这将导致渠道冲突。例如，一旦生产厂商交货延误，分销商就会产生不满情绪，进而影响产品销售。

2. 观点不一致

渠道成员对某件事有可能具有不同的理解和不同的反应。例如，不同的中间商对于生产厂商的合作促销方案的看法不一致。一些分销商认为这种方式能够刺激该产品的销售，从而在生产商那里得到更优惠的价格；而一些信息服务商则会综合考虑利用其网页做广告的机会成本，从而对这个计划失去兴趣。

3. 目标不同

不同渠道成员的目标可能不一致。例如，分销商希望拿到更高的价格折扣，有更快的交货速度、更少的支出、更多的佣金，以获取更多的利润。而生产者则希望分销商投入更多的促销费等。

4. 资源短缺

资源短缺是指由于资源分配而引起的冲突。例如，厂商在采用间接销售的方式时仍然保留了较多的消费者作为自己的直销消费者，从而造成了渠道上其他成员的资源短缺。

5. 渠道成员的信用

虽然互联网加强了渠道之间的沟通，但渠道成员之间的信用在目前还得不到有效的认证。所以在网络中，渠道成员的信用问题也可能造成网络营销渠道冲突。

解决网络营销渠道冲突最好的办法就是合作。网络营销渠道合作是指渠道成员通过不同程度的一体化经营系统相互合作。网络营销渠道合作有两种基本类型：网络营销渠道之间的合作和网络营销渠道内的合作。

（1）网络营销渠道之间的合作

网络直销和网络间接销售独立地承担服务于网络营销的功能，各自独立形成销售渠道，以提高网络销售覆盖率和增加产品的销售量。因此网络营销渠道之间的合作设计是以具体的细分市场为基础的。具体来说，在选定某个细分市场之后，首先，分析目标消费者的消费特征，与不同网络营销渠道的绩效相比，选出所有与目标消费者的消费特征相适应的渠道；然后，在这些渠道中进行适应性分析，找出能够满足要求的渠道；最后，对保留下来的渠道进行评估，只有满足衡量标准的渠道才能最终被保留下来。

网络营销渠道的发展由消费者对便利和专业化服务的需求所驱动。因此网络直销和间接销售渠道合作才能实现共同的目标，二者合作的具体措施主要体现在以下几个方面。

① 赋予中间商新的角色

生产商在最前端，中间商在后端，消费者在相关网站上研究、比较、下单后，在中间商那里交款、取货并接受服务。中间商也可以销售附加产品、补充部件并且在最适合的商店中购买产品。这样不仅不会完全抛开间接销售渠道，还可以发挥间接销售渠道的优势并降低产品库存。

② 共同创建全新的中介模式

中间商提供的产品来源于不同的生产商和销售商，运用网络直销和间接销售渠道经营一家共同的商店可以向消费者提供更全面的商品，从而产生更高的收益。这为利用中间商的品牌创造网络流量提供了机会。

③ 提供更多的产品

生产商可以让中间商销售那些需要实际感受的产品（例如，通过试用的方式让消费者获得实体体验），分析消费者在体验中发现的问题并以此为切入点设计、制作和推出更好的产品，提高消费者的满意度和对品牌的忠诚度。

④ 对中间商实施奖励

生产商可以通过网络间接渠道做自己的网站广告。如果消费者点击进入网站并实现购物成交，则向间接渠道支付一定比例的佣金，这样可以利用其知名度扩大网站的访问量。

（2）网络营销渠道内的合作

将网络营销过程中的销售任务分配给成本较低并且能较好地完成该任务的中间商，与制造商组合起来形成最优的销售通道，以达到产品销售的目的。

在网络营销渠道内的合作，一方面能够有效满足消费者的需求，另一方面能够更大幅度地降低销售成本。因此网络营销渠道内的合作设计的关键便在于找出那些在较低成本下能较好地完成销售任务的中间商。

不同的网络营销渠道具有不同的销售成本和其他渠道特性，可以将各营销渠道与销售任务相结合，在不同的营销渠道上完成不同的销售任务，最大限度地满足消费者的需求，实现产品销售成本的最小化。

在网络营销渠道中，生产商与中间商产生冲突的主要原因在于，生产商和中间商存在因信息不对称而导致无效合作的情况。能否减少无效合作的情况取决于生产商采取的具体策略。根据不同的合作需要，生产商可以通过共享渠道的合作方式达到提高营销成功概率的目的，具体可以从以下几个方面进行。

① 信息合作

网络营销渠道上的各参与方对有价值的信息进行共享。对于产品的市场需求信息，生产商和中间商可以就有价值的信息进行共享，使双方的利润最大化。

② 决策合作

对网络营销渠道中生产商和中间商的决策进行统一规划和控制，减少不同企业因决策差异而产生的冲突。

③ 财务合作

财务合作主要是通过改变渠道内成员之间支付的条款和条件来减少因财务纠纷而产生的冲突。

④ 运营合作

借助网络技术优势，与渠道成员进行营销资源的整合和共享，例如，人力资源共享、知识资源共享、社交关系资源共享，从而提高各方的合作效率。

3.3.6 解决冲突

冲突不全是坏事，它能暴露组织中存在的问题，促进问题公开讨论，增强企业活力，刺激良性竞争。从某种意义上说，冲突是企业创新的重要源泉。

1. 找到平衡点

当人们面对两种或两种以上互不兼容的选择且每种选择都颇具诱惑时，冲突就产生了。人的心理需求和实际需求经常会存在冲突，具有强大功能的产品能同时满足人的心理需求和实际需求，让人们在面对诱惑时不必取舍就可拥有。

美国心理学会主席、宾夕法尼亚大学教授马丁·塞利格曼（Martin E.P. Seligman）曾提出一个著名的公式：

总幸福指数 = 先天的遗传素质 + 后天的环境 + 你能主动控制的心理力量

在这个公式中，你可以发现“先天的遗传素质”和“后天的环境”必然是有冲突的，而“你能主动控制的心理力量”就成为解决冲突的关键所在。

2. 找到冲突的关键字

具备一双慧眼并找到冲突是营销人员的基本条件，一般情况下，常见寻找冲突的关键字的方法有以下 3 种。

（1）找反义词

例如，快和慢，新和旧，重和轻。反义词代表了事物的两极。有冲突的地方就需要解决方案，而找反义词是一个不错的方法。

（2）树立矛盾

故意违背一般的认知，就像相声里的正反话——正话反着说，反话正着说，这种方式可以产生强大的影响力。

（3）逆向思维

有的时候，我们运用逆向思维也能找到更好的创新道路。

案例3-5

上汽集团名爵汽车的营销冲突解决

如何解决网络营销与传统线下营销的冲突？上汽集团名爵汽车找到了一条属于自己的路。

汽车销售属于典型的线下行为，涉及汽车的试驾、价格商议等，属于大宗产品销售。这与网络营销有着明显的冲突——多数消费者对于看不见、摸不到的网络存在一定的困惑和怀疑。这种冲突几乎制约了所有汽车品牌商，而上汽集团名爵汽车的做法则是通过天猫旗舰店进行电子券优惠卡的销售，解决线上与线下营销之间的冲突。例如，2018 年上汽集团名爵汽车推出“399 订金五大礼包”的线上营销活动。在这次线上营销活动中，用户支付的 399 元可以直接抵为订金，同时享受多款汽车定制化配件、油卡等赠送礼包。线上营销并不直接与线下营销冲突，而是对线下营销的有效补充。它可以借助互联网平台使其品牌文化、其他产品、周边服务等得到一次性的精准推广，而这是线下营销很难做到的。

在此之前，上汽集团名爵汽车天猫旗舰店还曾推出“600 元电子券”的活动，消费者在线购买即可享受价值 2000 元的礼包套装、加油卡等服务。消费者在线下店面议价结束后，出示相关电子券即可享受服务。线上营销与线下营销并非完全割裂的关系，而是相互配合补充，这是上汽集团名爵汽车的营销冲突解决思路。增大网络营销与传统营销的差异，凸显网络快捷、价格优惠、活动丰富等特点是未来网络营销的重要方向。

阅读静思

1.怎样创造需求？

2.网络营销怎样进行市场定位？

3.网络营销与传统营销的冲突表现在哪些方面？

4.网络营销渠道的冲突是怎样产生的？

5.网络营销在与传统营销产生冲击的同时带来了哪些机遇？

第 4 章

网络营销的策略问题

要点导读

1.了解产品组合与相对市场份额
2.熟悉价格策略
3.掌握网络营销渠道的概念、特点、功能与建设
4.熟悉分销渠道的基本概念

案例4-1

360 行车记录仪的营销策略

行车记录仪是近年来汽车方面的明星产品。尤其是在智能时代，行车记录仪的功能更加丰富、拍摄效果更加强大。小米、360 公司等都开始进军该领域，创造了全新的网络营销新思路。其中，360 行车记录仪凭借其普惠的价格与过硬的口碑获得了市场上的极佳销量。那么 360 行车记录仪是如何打开网络营销市场的？360 行车记录仪是如何进行营销策略制订的？

1. 线上销售

360 行车记录仪是 360 公司的交通领域的重点产品，可以说汇聚了 360 公司一系列的黑科技。为了规避实体店和分销商的利润分割，同时在产品营销时保证模式的统一和规范，360 行车记录仪依靠 360 公司旗下的官网商城、淘宝旗舰店和京东平台进行网络直销，用户可以轻松地购买到这款产品并保障营销体系的可控性。集中线上的销售渠道就是为了让用户体验得到保障，让渠道得到整合，这有利于优化消费者的产品购买体验，促进消费者的信息反馈。

2. 精准的互联网定位

360 行车记录仪的产品系列较为丰富，无论是 C 系列，还是 M 系列、S 系列等，都将这几款产品的一个共有概念，即智能化作为重点进行推广。除了基础的行车记录功能，360 公司在推广产品时将互联网功能作为重点：4G 网通、语音操控、导航音乐、远程停车监控……这些功能都是传统行车记录仪所不具备的，其主打的营销核心内容是独特的互联网操作体验。

网络营销的特点在于可以挖掘出产品的差异化，从而进行精准的宣传推广。产品本身如果缺乏互联网思维，营销运用的手段再丰富也难以取得较好的效果，这是 360 公司分析、研究其产品后得出的结论。

3. “网红”周鸿祎的推广

360 公司的产品品牌最闪亮的标签是什么？自然是其创始人周鸿祎。周鸿祎具有很强的网络效应，他的众多关注者转化为 360 行车记录仪的重要消费者。针对这款产品，周鸿祎同样亲自上阵进行营销。在微博平台，周鸿祎发布、转发有关 360 行车记录仪的内容达数十条，包括该款产品的使用体验、抽奖活动、安全提示等。

在网络营销时代，“网红”是不可错过的重要宣传、推广途径。尤其当“网红”与品牌本身具有强有力的关系时，凭借“网红”自身的影响力即可形成完整的营销。所以挖掘创始人身上的“网红”特质，能够有效完善网络营销思路，让产品更具亲和力。

正是通过这些营销策略，在“2017 年 99 天猫品牌欢聚盛典”活动中，360 行车记录仪刷新了天猫聚划算的销售纪录，360 公司的产品包揽了销售排行榜的前四名。其总销售额超过 1000 万件，单品浏览过百万次，创下了汽车配件领域单品流量的最高纪录。其产品销售及销售额超过同品类第 5~10 名的总和。[1] 这个数据表明，360 行车记录仪在该领域已经取得了市场优势。由此可知，只有制订好营销策略并对其不断地进行优化、调整，才能真正把握网络营销的主动权。

思考

各种营销方式为360行车记录仪带来了哪些效果？还有其他更好的建议吗？谈谈你的看法。

1 数据来源：自媒体“万能的大熊”.《一骑绝尘，360 行车记录仪如何三年占领行业一半市场》. 2017，9，14.

4.1 产品

案例4-2

从比亚迪看互联网转型

互联网的出现代表着全新的数字时代的到来，人工智能、大数据技术并不亚于蒸汽机对世界的影响。想要做好网络营销，思维就不能只停留在营销上，而要从产品的研发开始，做好整个生产链条的优化。在网络营销时代，产品同样需要植入互联网思维。交通领域的网络营销同样如此，产品是否呈现互联网化特征，直接影响着接下来的营销推广方案的制订，决定着是否能带来有影响力的市场亮点。

在国内企业中，比亚迪是对于产品进行互联网化重新颠覆性设计的领头羊。

2018 年 3 月，比亚迪正式宣布：比亚迪将进入开放的互联网时代。其首先进行的就是对整车、配件集成的互联网化升级。比亚迪全线汽车将会搭载其他公司研发的智能互联网系统。这些系统将成为汽车的配套体系。例如，英特尔、AMD 提供硬件，微软提供软件，创建完善的比亚迪汽车系统。与传统的互联网化升级相比，新一轮的比亚迪系统升级将会使汽车更加智能化和互联网化。

为什么比亚迪要进行全方位的互联网转型？这是由汽车领域的发展大趋势决定的。无论是奔驰、本田、丰田，还是近年来崛起的特斯拉，无一例外地将互联网智能化作为未来的重点发展方向。打造开放式平台已经成为汽车行业的共同认知。同时，谷歌、百度等无人驾驶汽车也都进入实际测评阶段，智能化是汽车发展的未来。相比其他合资品牌，自主品牌在市场中的口碑、消费者信任方面存在不足，倘若不能提前改革，市场份额必然会被进一步蚕食，自主品牌的压力可以说非常大。如果自主品牌依然采用传统车企的模式，那么它将很容易被时代抛弃。因此比亚迪决定开放其智能开发平台，这是针对互联网化营销的积极转型，更是为未来的网络营销做准备。

事实上，比亚迪进军互联网早在 2012 年就已开始。2012 年，比亚迪推出的速锐就已具备遥控功能、360° 全景影像、云服务、PM2.5 绿净系统……当年的这些黑科技随后不断地被应用在其后续的车型上，让比亚迪成为较早带有互联网科技因素的车企公司。

新一轮的比亚迪互联网转型更加彻底，更加具有科技感。比亚迪采取的策略是尽可能地与其他车企进行差异化竞争。在越来越多的车企将互联网智能化作为发展方向后，谁能够掌握更多的黑科技，谁就有机会在市场营销中突围。

产品是品牌的具体投射之地。没有产品做基础，品牌宣传、品牌推广始终不会落地。网络时代具有碎片化的特点，产品研发同样如此，要想让产品真正体现品牌价值、品牌文化，就必须从产品本身入手不断挖掘用户的痛点。尤其是在交通领域，互联网智能化、科技化的要求更高。很多时候，企业自身难以完成全部智能产品的开发，这就需要与第三方机构合作，打造开放式的互联网智能平台。例如，2018 年，比亚迪召开的汽车开发者大会通过整车平台发放、传感器开放让全球的开发者参与进来，在有协议存在的情况下为其提供一个平台，这是全球第一家车企进行的尝试。比亚迪将享有对车辆各种配置的控制权，而空调、天窗、停车等全部由第三方开发。只有通过这样的模式，比亚迪才能与第三方机构形成强势合作，不断地引入更具有创新性的智能化产品，让比亚迪的产品始终处于科技领先地位。

对于产品进行互联网化的全新升级、提升网络营销的渠道和模式也是比亚迪的尝试。多数车企对于互联网营销往往停留在新闻推广、产品测评阶段，而比亚迪已经开始进行在线销售的尝试。2017 年 11 月 3 日，比亚迪超级品牌日率先引爆“双 11”购车狂潮，该品牌的预约抢购人数突破 10 万人。2017 年 11 月 11 日，比亚迪 e 购、汽车之家车商城、天猫旗舰店三大平台强强联手，仅用了 0.2 秒，比亚迪品牌的五折特价车就被抢购一空；只用了不到 20 秒，该活动中的第一波大额抵扣券也被一扫而光。对于互联网化转型，比亚迪可谓进行了全方位尝试。[1]

比亚迪积极加入互联网，从产品本身开始进行颠覆性设计，从营销领域切入产

1 本小节内容借鉴比亚迪官网。

品亮点，所以在自主品牌压力颇大的时期，比亚迪能够逐渐站稳脚跟，赢得市场与消费者的好评。

思考

产品在比亚迪成功的道路上起到了什么作用？

产品作为连接企业与消费者的桥梁，包括有形物体、服务、人员、地点、组织和构思。

网络营销必须依靠产品。在市场经济的条件下，企业持续经营的核心是产品。产品具有两个方面的特点。第一，产品不只是具有物质实体的物品，还包括能够满足人们某种需要的劳务与信息。例如，咨询、运输、安装修配服务、存储服务、保险、网络音乐、网络新闻、金融服务等。第二，产品不只是具有一定功能和外形的实物本身，还包括随实物出售时提供的一些其他服务。

网络营销产品的整体层次包括核心产品层、有形产品层、附加产品层、期望产品层、潜在产品层。

网络营销产品的特征包括产品性质规范化、产品质量标准化、产品式样多样化、产品品牌重要化、产品价格低廉化、产品包装专业化。

企业要想取得成功，就必须确保其有一定的灵活性，要随着市场和消费者需求的变化时刻调整或者变换自己的产品。

4.1.1 产品生命周期

网络营销产品仍然遵循传统市场营销理论中产品生命周期的划分方式，即把网络营销产品的生命周期划分为 4 个阶段：投入期、成长期、成熟期和衰退期。例如，技术的更新换代和信息的进一步对称化，网络营销产品在生命周期的不同阶段具有不同的特点，不同时期的网络市场的特征与其适用的营销策略有所不同。企业在选用具体的营销策略时应当注意产品所处的阶段，分别制订相应的营销策略。

任何产品只要能满足消费者的新需求或者给消费者带来新的利益，都可以被看作新产品。新产品包括全新的产品、革新的产品、改进的产品、仿制的产品、新进入市场的产品。对网络市场而言，第一次出现的产品即可被称为网络市场的新产品。

在网络时代，由于信息和知识的共享，企业的竞争从原来简单依靠产品的竞争转变为拥有不断开发新产品的能力的竞争。

随着网络市场开发的不断深入，网络营销新产品开发过程中的各个阶段都发生了变化，从而导致网络营销新产品开发阶段的侧重点有所不同。一般情况下，网络营销新产品的开发包括构思与概念形成、研制、试销与上市 3 个阶段。

4.1.2 产品组合

企业利用网络向网络目标市场提供的所有产品、服务或业务的组合搭配就是网络产品组合。网络产品是一个复合的、多维的、整体的概念。企业要根据市场需求和自身的能力及条件确定网络经营的范围和规模。与传统市场营销一样，产品组合通常由产品线和产品项目构成，即根据企业的现实情况、营销决策，将若干条产品线中的若干产品项目按照一定的比例进行搭配。

4.1.3 产品包装

网络产品包装的作用：保护产品；宣传、美化产品；提高产品价格；便于携带、运输；方便使用。

网络产品包装的特征主要表现在包装展示和包装工具两个方面。

网络产品的包装可以分为 3 个层次，即使用包装、销售包装和储运包装。

1. 使用包装

这种方式是指直接用于包装产品的容器或器物。例如，盛牛奶的盒子、包裹香烟的纸盒等。

2. 销售包装

这种方式是指能够保护使用包装、方便销售甚至促进销售的包装物。例如，酒瓶外的包装纸盒等。

3. 储运包装

这种方式是指用于产品储存和运输过程中的包装物。例如，快递中经常使用的箱盒等。

4.1.4 产品的市场份额

现金流是研究产品组合的最重要的影响因素，企业赚钱的能力在很大程度上依赖企业超越竞争对手的市场优势。

在任何市场中，主要参与者的价格水平趋于广义的相似性。在一个稳定的市场中，主要参与者的价格水平会由于相互博弈而发生变化，这并不是说所有企业都会有相同的利润水平。如果企业占有比较大的市场份额，它就会从经济规模中获得更多的利润。占有较高市场份额的企业往往也有较高的利润率，因此也能承受住价格战。市场份额也预示着企业的赚钱能力，可以这么说，企业的市场份额非常重要，因此企业应该尽可能地占据市场中的主导地位。

很多年前，波士顿咨询公司开发了一个基于相对市场份额和相对市场增长率的产品组合模型。目前，波士顿模型被很多企业广泛应用于研究市场组合。其中，产品被划分为 4 种类型，具体内容如下所述。

* **明星产品：**高市场份额 / 高市场增长。
* **现金牛产品：**高市场份额 / 低市场增长。
* **问号产品：**低市场份额 / 高市场增长。
* **瘦狗产品：**低市场份额 / 低市场增长。

其中，明星产品在营销、研究和发展中有较高的花费，但也有比较客观的回报。一般来讲，从现金增值的角度来看，它们都处于中性状态。

现金牛产品是成熟的产品，有较高的市场份额和较低的市场增长率，它们有较高的利润，却只需要少量的营销投资和研发来确保它们所处的地位。

问号产品是还没有实现预期接受度的新发布的产品，或者是销量开始衰减，为了其长期发展需要进一步评估的产品。

瘦狗产品通常只占很小的市场份额，一般处于亏损状态，这些产品可以被看作从产品组合中剔除的产品。

相对市场份额是企业的市场份额与最大竞争对手市场份额的比值，这个指标表明企业超越竞争对手的优势水平。

市场增长率的重要性体现在两个方面：一是在快速增长的市场中，产品的销量增速要高于其在低增长率和稳定市场中的增速；二是随着产品销量的增长，产品可以吸收高水平的资金以支持不断增加的广告费、销售覆盖、销售支持和可能产生的附加车间机器投资等。高市场增长率通常要保持 10% 以上的年增长率。

案例4－3

“脑洞大开”的汽车营销

2019 年汽车行业呈现以互联网营销为主导的发展趋势，一个个令人惊叹的成功营销案例出现在大众面前。其中，令人印象深刻的营销广告非长城“上天”的广告莫属。

2019 年 6 月，WEY 品牌与中国航天基金会、中国运载火箭技术研究院正式签署战略合作协议，发射了联合命名的长征十一号运载火箭“CZ-11 WEY 号”。

这次火箭发射不仅是我国首次在海上发射火箭，填补了我国运载火箭海上发射的空白，还实现了中国航天发射模式创新、商业模式创新及用户互动模式创新三大突破。

此次联名合作除了在国内引发了大众的高度关注，很多国外媒体也纷纷竖起大拇指并在自己的媒体平台对此新闻进行了报道。这是中国汽车品牌的第一次“上天”，也是中国汽车工业的一个新的里程碑。

通过这次事件，长城品牌的科技形象得到了提升，更多人认识了长城品牌。中国航天与 WEY 品牌首次联手打造的“联合技术创新中心”也将助力 WEY 品牌实现研发、制造领域的全新突破。

4.2 定价

4.2.1 产品定价

产品定价是影响营销战略的关键因素，是决定营销目标能否实现的主要决定因素。产品定价的作用要与产品组合、产品生命周期、营业额和市场份额目标联系起来。影响产品定价的因素有企业内部因素，也有外部因素；有主观因素，也有客观因素。概括起来，影响产品定价的因素可以分为产品成本、市场需求、竞争因素、企业的定价目标和其他因素。

产品的价格和销量决定了产品从销售中获得的利润。如果产品的价格降低，企业往往希望产品的销量能得到提升。从会计学角度来说，亏本出售产品没有任何意义。然而，从营销学角度来说，要考虑“鸡和蛋”的关系。如果某产品的定价过高，它就不会达到营利所要求的经济规模。从很多大型企业的经营中可以看出，它们会在一开始就以市场价来出售产品，而不是基于原始成本来定价。这就使其可以很快地获取市场份额并且赚取利润。价格最终是和成本相关联的，但在营销学中，成本不是决定价格的唯一因素。价格策略只有配合市场营销组合的其他因素，才能更好地实现企业的战略目标。

4.2.2 价格战略

价格战略可以考虑使用多种类型的价格战略和战术。这种战略一般可以分为撇脂性定价战略和渗透性定价战略两种。

撇脂性定价战略。这是指以较高的价格进军市场，在早期竞争市场中尽可能地获得更多的利润。待竞争对手进入市场后，价格调整在所难免。这种战略一般只能被可以完胜竞争对手的企业所采用。如果一家企业的产品总是领先于它的竞争对手，那么它就可以采用这一战略。撇脂性定价战略的问题在于，高利润往往会鼓励其他竞争对手进入这个市场。例如，苹果公司在发布 iPad 产品后的 6 个月就出售了 400 多万台产品，但昂贵的价格却鼓励其竞争对手生产更便宜的同类机。

渗透性定价战略。这个战略和撇脂性定价战略相反，使用这个战略的企业会将产品的价格定得很低。渗透性定价战略鼓励消费者去购买产品，这就增加了企业的销售营业额以及市场份额。也就是说，企业在一个比较早的生产阶段就可以从经济规模中获利。使用这个定价战略的企业可能在一开始以较低的价格出售产品，但很快就会获得一定规模的营业额，从而使企业达到赢利的目的。

1. 高价政策

有些产品以较高的价格出售，因为产品本身具有功能优势或者拥有自己的品牌。部分交通产品，例如，私人飞机、豪华游轮、跑车等，它们的定价遵循品牌溢价原则，品牌越有吸引力，定价越高，即产品定价远远超出产品价值。

2. 价格领导者

价格领导者处于一个独特的位置。其他企业很可能会根据价格领导者的定价来给它们自己的产品定价，并且会随之变动，或升或降。由于价格领导者占有较高的市场份额，因此其可以处于一个强势的位置反作用于较小的竞争对手。

3. 生命周期

某产品在其生命周期曲线中的位置或者在波士顿模型特定象限中的位置会影响相关价格战略的类型。如果一个产品处于生命周期中的饱和状态——现金牛状态，并且占有较高的市场份额，那么降低价格以增加市场份额的做法就不那么合理了。较好的做法是尽可能地保持长时间的高价，攫取更多利润来支持新产品。另外，如果某产品处于生命周期的早期阶段，处于“问号”状态，那么考虑用渗透性定价策略增加市场份额就更有意义。

4. 打折

价格战略并不只与定价有关，打折也是构成价格战略的一部分。如果企业通过分销渠道来销售产品，那么这对定价打折就会起到很大的作用。如果企业直接将产品出售给终端用户，那么订单数量上的打折也是可以采取的一种办法。打折可以带来较多的订单或者在特定时间段内增加交易量。

从价格战略方面来说，有产品组合的企业比单一产品企业更有优势。企业如果拥有产品组合，就有可能执行真正的价格计划，而不只是单个价格战略的集合。

4.2.3 免费策略

免费策略是网络营销中最常见的策略。免费可以让消费者感受到免费的产品比实际的产品要值钱得多。将企业的产品和服务以免费的形式提供给消费者主要有以下 4 种形式。

1. 完全免费

在从购买、使用到售后的所有环节实行免费服务。

2. 限制性免费

产品或服务可以被有限次使用，超过一定的期限和次数后则取消这种免费服务。

3. 部分免费

例如，一些研究机构的网站只公布部分研究成果，若想阅读全文，则必须付费。例如，中国期刊网可以免费查阅文献标题、作者、摘要、关键词，如果读者想要下载全文，就需要付费。

4. 捆绑式免费

购买某产品或者服务时，赠送其他产品或者服务。免费策略的实施步骤可以分为以下 5 步。

（1）网络市场是成长性市场，要在市场中获取成功的关键是要有一种商业运作模式。

（2）分析采用免费策略的产品或者服务能否获得市场的认可；是否为市场所迫切需要。

（3）免费策略推出的时机。采取免费策略是为了抢占市场，如果市场已经被占领或者已经很成熟，就要考虑免费产品或者服务所具有的其他竞争能力。

（4）评估免费产品或者服务是否适合采用免费价格策略。

（5）免费与推广两种方式相结合，网上用户已经习惯了免费这种方式，因此要吸引更多用户的关注，应当与推广其他产品一样制订严密的营销策划方案。

思考

1. 企业网络营销为什么经常采用免费定价策略？如何实施？
2. 找一家网上书店，分析其折扣定价与促销定价的特点与效果。

案例4-4

2019年电商渠道新策略

截至 2019 年，中国电子商务交易额高达 34.81 万亿元，中国的电商市场成为全球最大的电商市场。与此同时，中国的电商市场的渠道发展策略也开始呈现全新的面貌。

1. 全渠道策略

根据全网多家数据机构对电商市场各项数据的统计，2019 年，中国的电商市场在线上消费突飞猛进的同时，消费者也开始回归实体店，尤其是一些品牌零售店和购物中心，线上与线下的界限开始变得模糊，而线上线下彻底打通的全渠道模式开始主导中国电商市场的发展。

2. 社交平台策略

2019 年，中国的消费者对社交媒体的热衷程度达到全新的高度。据统计，中国的手机用户每天花费在社交平台上的时间占整体使用手机时间的44%。因此国内各大行业使出浑身解数在社交平台上抢流量、做宣传、做营销，其产生的营销效果也非常突出。

3. 下沉策略

截至2019年，中国三线以下城市的移动互联网用户已经增长到6.7亿人，占全国移动互联网用户的半数以上。其中，又有72%的用户是35岁以下的年轻用户。从这个数据可以看出，电商渠道的下沉将带来市场的大幅扩展，未来电商渠道将不断呈现下沉趋势。

思考

网络营销的发展为产品的销售带来了哪些有利影响和不利影响？

4.3 渠道

4.3.1 网络营销渠道概述

1. 网络营销渠道的概念和特点

（1）网络营销渠道的概念

营销渠道是指由供应商、生产者、批发商和零售商组成的一个统一的联合体。市场营销渠道的流程包括实物流程（物流）、所有权流程、付款流程（支付流）、信息以及促销流程。

（2）网络营销渠道的特点

与传统营销渠道相比，网络营销渠道的特点主要体现在以下几个方面。

① 中介模式

传统营销渠道主要由参加商品流通过程的各种类型的机构组成。通过这些机构形成的网络，商品才能上市销售（从生产者流向消费者）。网络营销的中介模式为电子交易市场，其实质是在线中间商起到为买卖双方收集信息的作用，同时利用其在各地的分支机构承担批发商和零售商的角色。电子交易市场使交易活动常规化，并将商业中介机构的数目减少为一个，使商品流通的费用降到最低。电子交易市场可以提供一系列的增值服务为中小企业获得更多的交易机会。

② 商品所有权的转移

在商品从生产者向消费者或用户流通的过程中，商品的所有权至少要转移一次，而网络销售却并不如此。例如，金山软件公司直接在网上销售杀毒软件时，可以根据消费者的使用次数收费，并不转移其产品本身的使用权。

2. 网络营销渠道的功能

一方面，网络营销渠道要为消费者提供产品信息，方便消费者选择产品；另一方面，在消费者选择产品后要能完成一手交钱、一手交货的交易手续（交钱和交货不一定要同时进行）。由此可知，一个完善的网络营销渠道应具备三大功能：订货功能、结算功能和配送功能。

（1）订货功能

网络营销渠道为消费者提供产品信息，同时方便厂家获取消费者的需求信息，从而达到供求平衡。一个完善的订货系统可以最大限度地使厂家降低库存，减少销售费用，因此许多企业特别是与计算机相关的行业的发展速度特别快。

（2）结算功能

消费者在购买产品后，可以选择多种支付方式，因而厂家、商家应向消费者提供多种结算方式。现在国内大部分银行陆续开通了网上银行，采用了网上支付手段。例如，招商银行与一卡通配套的一网通、中国银行以信用卡为基础的电子钱包、中国建设银行提供的网上银行等。

阿里巴巴于 2004 年创建的支付宝的理念是为中国的电子商务提供简单、安全、快速的在线支付解决方案。短短几年间，支付宝用户覆盖了整个 C2C、B2C 和 B2B 领域。目前，国内各大商业银行及中国邮政、VISA（维萨，一个信用卡品牌）

国际组织等各大机构均与支付宝建立了紧密的战略合作关系。

（3）配送功能

产品可以分为有形产品和无形产品：无形产品（例如，服务、软件和音乐等）可以直接通过网络配送；而有形产品的配送则要涉及产品的运输、仓储等问题。

国外有专业的配送公司。例如，美国的联邦快递公司，其业务覆盖全球，实现了全球快递的投递服务。它的一个成功案例就是从事网上直销的戴尔将美国的货物配送业务都交给联邦快递公司来完成。

我国的专业性快递配送企业正在崛起，邮政系统正在接受挑战，一些区域性的快递公司正在成长，一些线上企业的配送系统正在完善。

案例4-5

将军轮胎的线上直供渠道

网络营销渠道不同于传统的线下渠道，碎片化、口碑化的特点较为明显。只要这些特点使用得当，就很容易出现爆款产品，直接引发销售热潮。尤其是对于新品类产品而言，创建网络直供渠道会最大限度地聚集人气、聚合口碑，先在网络上凝聚优势资源，再将其辐射到其他渠道。

将军轮胎就是一个很好的案例。将军轮胎隶属于马牌轮胎，诞生于 1915 年，是国际上的一个知名轮胎品牌。尤其是在 SUV 领域，将军轮胎的影响力更为突出。该品牌喊出“让 SUV 更 SUV”的口号，在美国得克萨斯州拥有全球最大的轮胎测试场。2017 年，将军轮胎成为终极格斗冠军赛（Ultimate Fighting Championship，UFC）的官方赞助商，在北美地区拥有极高人气。不过，对于这款具有百年历史的轮胎品牌，中国的消费者并不熟知。相比倍耐力、米其林等世界知名品牌，将军轮胎在中国的品牌影响力很有限。但随着中国汽车市场的不断发展，尤其是近年来 SUV 市场的持续火热，马牌轮胎将这个轮胎品牌正式引入中国。

轮胎行业竞争激烈。凭借传统的营销模式，将军轮胎在短时间内难以迅速打开市场，因此它针对中国互联网文化的特点，在 2017 年 10 月与电商平台途虎养车达成工厂直供合作的意向，并在线上独家首发。这也意味着将军轮胎会得到途虎养车的独家重点推广与销售。作为中国的排名靠前的汽车 B2C 养护平台，途虎养车拥有 1600 万注册用户，覆盖超过 10% 的中国车主，这个平台能保证将军轮胎得到最大程度的曝光。将军轮胎的历史、定位及优势能够通过途虎养车的集中推广得到淋漓尽致的展现。

将军轮胎通过途虎养车的直供渠道迅速切入中国市场，而途虎养车也针对将军轮胎实施了精准化的营销方案。双方开始合作后，途虎养车迅速推出"99 元抢购将军轮胎"的活动，单个轮胎的价格仅为 99 元，达到一定的消费额还可以发放大量的优惠券。途虎养车通过独家网络营销的运营模式让将军轮胎成为线上讨论的热点，迅速跻身销售热门排行榜前列。而在将军轮胎的产品页面上，无一例外地出现了"将军助力升级你的 SUV"的宣传海报，精准的定位组合与实惠的价格折扣很容易吸引用户。途虎养车为了进一步推广将军轮胎，甚至推出了将军轮胎越野营——"走出你的越野梦"征文活动，在途虎养车的官网和 App 上线。此次活动不仅得到了用户的广泛参与，更引发了业内的关注，网易汽车、腾讯汽车、汽车服务世界等多家媒体纷纷报道，让将军轮胎的曝光度大幅提升。通过线上直供渠道，将军轮胎打开了品牌销售的市场。

将军轮胎与途虎养车的合作，正是对于传统销售渠道的颠覆及对于网络营销渠道的探索。虽然传统销售渠道模式不利于快速推广将军轮胎，但是如果将网络营销的销售权交给多个平台代理又会出现价格差异、宣传口径不一致等问题，给消费者造成困扰。因此对于将军轮胎来说，与途虎养车进行独家直供渠道合作可以保证其品牌价值稳定，同时聚合营销思路与方向，这是对于网络营销渠道应用的一次大胆尝试。

3. 网络营销渠道的建设

一般来说，网上营销渠道的建设主要有以下两种方式。

第一种是 B2B，即企业对企业模式。这种模式每次的交易量很大，交易的次数较少，而且购买方比较集中，因此网络营销渠道建设的关键是建设好订货系统，方便企业进行选择。由于一般企业的信用较好，所以通过网上结算比较便捷，可以进行专门配送。这样既可以保证交易速度，也可以保证质量，并且可以有效地减少中间环节造成的损失。

第二种是B2C，即企业对消费者模式。这种模式每次的交易量较小，交易的次数较多，而且购买者比较分散，因此网络营销渠道建设的关键是结算系统和配送系统，这也是目前网上购物必须面对的问题。

在选择网络营销渠道时，还需要注意产品的特性。大多数无形产品都可以通过互联网实现远程传输，这样可以脱离对传统配送渠道的依赖。但大多数有形产品还需要依靠传统配送渠道来实现产品的空间移动。对于部分产品依赖的渠道，可以通过互联网改造，最大限度地提高渠道运营的效率，减少渠道运营中由于人为失误而造成的损失。

在具体建设网络营销渠道时，需要考虑以下几个方面的内容。

（1）从消费者角度设计渠道。只有采用消费者比较放心、容易接受的方式，才有可能吸引消费者在网上购物，克服网上购物“虚”的感觉。例如，货到付款是一种让消费者认可的方式。

（2）设计订货系统时要简单明了，尽量不要让消费者填写太多的信息，应该采用现在流行的购物车方式，让消费者一边看商品，一边选购，在购物结束后一次性结算。另外，订货系统还应该提供商品搜索和分类查找的功能，以便消费者在最短的时间内找到所需的商品，同时还应该提供消费者想要了解的商品信息。例如，商品的外形、性能、品牌等重要信息。

（3）在选择结算方式时，应考虑到用户的实际状况，尽量提供多种支付方式，方便消费者选择；同时还要考虑网上结算的安全性，将不安全的直接结算方式转变为安全的间接结算方式。

（4）建立完善的配送系统，这是最关键的一点。消费者只有看到所购买的商品之后，才会感到踏实。因此建设快速有效的配送服务系统是非常重要的。

4.3.2 分销渠道概述

1. 分销渠道的含义

美国营销专家爱德华·肯迪夫（Edward W.Cundiif）和理查德·斯蒂尔（Richard R.Still）认为，分销渠道是指当产品从生产者向最终消费者或用户移动时，直接或间接转移所有权所经过的路径，即渠道是所有权而非渠道成员转移的路径。

1960 年，美国市场营销协会的定义委员会对分销渠道的定义为：分销渠道是指企业内外部代理商和经销商（批发和零售）的组织结构，通过这些组织，商品（产品或劳务）才得以上市销售。

被誉为现代营销学之父的菲利普 · 科特勒认为，一条分销渠道是指某种货物或劳务从生产者向消费者移动时所取得的这种货物或劳务的所有权或帮助转移其所有权的所有企业和个人。该定义既反映了分销渠道的组织结构，也反映了商品的流通过程，并且认为所有权的转移是商品流通过程的主要流程。

本书认为分销渠道是指交通产品或交通服务在由生产者向消费者或用户转移的过程中取得交通产品或交通服务的所有权或帮助所有权转移的交通企业和个人。分销渠道的起点是生产者，终点是消费者或用户，连接他们的中介是中间商。

2. 销售渠道的结构

销售渠道的结构可以分为长度结构（即层级结构）、宽度结构、广度结构。这 3 种销售渠道的结构构成了渠道设计的三大要素，也称为渠道变量。也就是说，销售渠道的结构中的长度变量、宽度变量、广度变量完整地描述了一个三维立体的渠道系统。

3. 分销商的调整策略

（1）渠道成员功能调整

这种策略是指重新分配分销渠道成员所应具备的功能，使之最大限度地发挥自身的潜力，从而提高整个分销渠道的效率。

（2）渠道成员能力水平提升

这种策略是指通过提高分销渠道成员的能力与水平，来提高分销渠道的效率。

渠道成员素质调整可以采用培训的方法提高从事分销渠道人员的能力与水平，也可以采用随机帮助的方法暂时提高分销渠道成员的能力与水平。

（3）渠道成员数量调整

这种策略是指增加或减少分销渠道成员的数量，从而提高分销渠道的效率。

（4）个别分销渠道调整

这种策略是指增加或减少某些分销渠道。这是分销渠道调整的较高层次，具体可以采用两种方法：某个分销渠道的目标市场重新定位；某个目标市场的分销渠道重新选定。

4. 分销渠道的层次、长度和宽度

分销渠道的层次是指分销渠道的环节，即产品在生产者向消费者或用户转移的过程中对产品拥有所有权或负有分销责任的中间机构。

分销渠道的长度是指构成分销渠道层次的中间机构的数目。根据分销渠道的长度，分销渠道可以分为直接渠道、一层渠道、二层渠道和三层渠道。直接渠道也称为零级渠道，是指生产商直接把产品销售给最终用户。一层渠道也称为一级渠道，是指生产商通过一层中间环节销售产品。二层渠道也称为二级渠道，是指生产商通过两层中间环节销售产品。三层渠道也称为三级渠道，是指生产商通过三层中间环节销售产品。

分销渠道宽度是指分销渠道每个层次使用相同类型中间商的数目。根据分销渠道的宽度，分销渠道可分为宽分销渠道和窄分销渠道两种类型。宽分销渠道是指在同一渠道的层次中，生产商通过许多相同类型的中间商来销售自己的产品。窄分销渠道是指在同一渠道层次中，生产商只能通过很少的相同类型的中间商销售自己的产品。

5. 渠道流和渠道功能

（1）渠道流

分销渠道按其有无中间环节和中间环节的多少分为 4 种基本类型：生产者—用

户（Ⅰ型）；生产者—零售商—用户（Ⅱ型）；生产者—批发商—零售商—用户（Ⅲ型）；生产者—代理商—批发商—零售商—用户（Ⅳ型）。

（2）分销渠道的功能

① 搜集和传播信息。其中，搜集和传播的信息是营销环境中有关潜在的和现在的消费者、竞争对手或其他参与者的营销信息。

② 促进销售，即搜集、发送和传播有关产品的用于吸引消费者的沟通材料。

③ 交易谈判，即尽力促成有关产品价格或其他成交条件的最终协议，以实现所有权或使用权的转移。

④ 订货，即渠道成员与制造商或供应商有购买意图的沟通行为。

⑤ 资金融通，即获得和分配资金，以负担渠道各层次中存货所需的费用。

⑥ 承担风险，包括库存风险、坏账风险等。

⑦ 储存，即产品实体从生产商到最终消费者的过程中的连续储运工作。

6. 分销渠道设计

分销渠道设计对生产企业或商业企业来说都是复杂且具有策略性的环节。分销渠道设计的步骤为：明确渠道目标；确认限制条件；确定渠道结构；选择具体成员。下面我们将具体介绍前两个步骤。

（1）明确渠道目标

渠道目标应表述为目标服务产出水平，即该渠道能为最终消费者提供何种价值。无论是创建渠道，还是对原有渠道进行改进，企业的渠道设计目标只有明确地列出来，才能指导渠道的具体设计。

（2）确认限制条件

确认限制条件便于企业明确其自身资源和所处环境，从而在下一步做出更加明确的决策。限制条件主要包括产品条件、市场条件、企业自身条件以及中间商条件，具体阐述如下。

① 产品条件

产品条件主要包括产品的价值、产品的时尚性、产品的易腐易毁性、产品的体积与重量、产品的技术与服务要求、产品的生命周期、产品的用途。

② 市场条件

市场条件是指企业所处的细分市场的情况，具体包括目标消费者的类型、潜在消费者的数量、目标消费者的分布、购买产品的数量、市场的竞争状况、购买者习惯的购物方式。

③ 企业自身条件

企业自身条件包括企业的规模和实力、企业的声誉与市场地位、企业的经营管理能力、控制渠道的要求。

④中间商条件

中间商条件主要包括中间商的市场范围、中间商的产品策略、中间商的地理位置优势、中间商对产品的掌握情况、中间商的财务状况及管理水平、中间商的促销政策和技术、中间商的综合服务能力。

7. 分销渠道的管理和控制

（1）加强分销渠道的创新

当今社会，信息瞬息万变，分销渠道的管理也应与时俱进、即时更新。渠道变革的终极目标是降低成本、提高效率。这意味着渠道的创新应从压缩流通环节、加快周转速度等方面入手，以实现资源的有效整合。

① 实现模式多样化，包括企业渠道模式的多样化与分销产品结构的多样化。前者既可以分散风险，又可以提高产品的市场份额；后者则可以提高渠道的利用率，将多种相关产品在同一个渠道中进行分销。

② 实现结构扁平化，同时重心下移。这里结构扁平化的意思是，压缩分销渠道的中间环节，从而提高生产企业对渠道的监控，并降低渠道的不稳定性与成本；同时，缩短信息流也有助于提高厂家与消费者的沟通效率。重心下移则包括中间贸易环节的下移与地理分级的下移，以帮助厂家获得市场的主动权。

③ 实现信息化，即将互联网应用融入渠道网络，建立渠道信息的高速公路，实现渠道的个性化、互动化、高速化。

（2）加强对经销商的有效管理

① 甄选与评估

经销商的声誉、经验、产品组合、市场覆盖范围、服务水平、合作意愿等都与其是否符合厂家的渠道要求紧密相关。因此经销商的甄选与评估标准也应该包括以下几个方面：企业规模、市场范围、财务状况、销售能力、过去表现、产品与现有产品组合的能力、运营能力、管理经验、声誉、物流体系、合作意愿等。

② 沟通

有效的沟通可以提高渠道的通畅度，建立渠道成员之间的信任与合作。沟通一般可以分为以下两种方式。

第一，信息沟通

信息是当今营销市场中取得成功的关键因素，渠道信息的沟通与共享也是提高分销渠道沟通效率的基础。因此企业应建立高效的信息系统，实现产品信息、成员信息、市场信息等信息流在分销渠道中的有效流通。

第二，人际沟通

人际沟通往往是渠道成员产生冲突的根本原因，归根到底在于生产企业无法站在经销商的立场上考虑问题。为了保持渠道的通畅，生产企业应该学会换位思考，从经销商的经营目标出发，关心企业的销售与盈利状况，增进彼此的了解，以提高沟通效率。

③ 激励

激励是提高经销商销售积极性的有效手段。它分为直接物质激励与间接激励两种方式，后者主要指对经销商的销售支持与营销支持。例如，给销售人员提供系统培训等。

④ 约束

适当的约束也是有效管理经销商的必要手段。首先，对经销商的销售记录进行统计整理，作为考核经销商工作绩效的依据，或者以此为依据制订适当的奖惩制度。其次，跟踪不同层次中间商的销售记录，以便从中总结经验，为经销商提供进一步的帮助，同时也可以借此评判其付出的努力。

（3）加强对渠道的有效控制

① 建立一体化的垂直营销渠道

在传统的渠道结构中，每个渠道成员作为一个独立的经济实体分别追求各自的最大化利润，其间，存在的功能性重叠所造成的内耗也增加了整个渠道的成本。而建立一体化的垂直营销渠道可加强制造商与中间商之间的合作，通过将个体利益与营销渠道的整体利益紧密结合，有助于减少渠道内部的损耗，同时形成规模优势，增强渠道成员的谈判能力。一体化的垂直营销渠道在我国还不普遍，但在一些发达国家已成为主流。

② 加强制造商的品牌能力建设

如今已不再是商品同质化时代，市场竞争也已超越最初的商品价格竞争。当越来越多的大型经销商成为市场的主导力量时，能够提高制造商议价能力的不再是价格，而是能为消费者提供溢价价值的品牌资产。加强制造商的品牌能力建设，有利于企业实现产品差异化，进而获得市场的竞争优势。

③ 构建长期的合作关系

长期的合作关系不仅有利于激励分销商，也有助于消除渠道冲突。制造商在开发市场、确认消费者需求、制订生产计划、为消费者提供服务等方面都需要经销商的支持。一旦制造商与经销商建立长期的合作关系，制造商就可以更准确地把握市场需求的变化。

其中，分销规划是制造商与经销商合作关系的最高形式。制造商可以集合各方需求并帮助经销商确定最佳的销售目标、陈列方案、人员培训、存货水平、促销计划等，将“经销商与消费者同在一条船上”的立场转变为“经销商与生产企业站在一起”，进而使制造商可以获得经销商的更多支持。

④ 建立产销战略联盟

产销战略联盟属于关系营销范畴，从企业的长远发展目标出发，通过在制造商与经销商之间签订协议，将双方捆绑为利益共同体，从而共享目标、共拓市场、共同管理、共获利润、共担风险。特别是在面临市场威胁时，产销战略联盟有助于促进渠道成员间的紧密合作，最终实现彼此的共同目标。

根据彼此之间联系紧密程度的不同，产销战略联盟还可进一步划分为会员制、联盟性质的销售代理与制造承包制，以及合资、合作、互相持股的联营形式。

⑤ 加强有效的渠道控制

渠道是产品营销中的重要一环。加强有效的渠道控制，有助于提高渠道的通畅度、降低成本，并预先控制渠道中的潜在冲突。渠道控制可以从以下 6 个方面入手。

第一，渠道长度控制

尽量压缩渠道长度，减少产品的流通成本，必要时可采取直销的方式。

第二，成本控制

对渠道进行成本收益分析，通过减少渠道费用提高整体渠道的经济效益。

第三，人员控制

人员在渠道中发挥着举足轻重的作用，因此销售人员的招聘、培训、激励、监督也是渠道控制的重要组成部分。

第四，区域控制

为了减少不同区域的渠道成员跨地区销售所引起的冲突，有效的销售区域划分及控制也是十分有必要的。区域控制应要求各渠道成员严格遵守分销条款，并及时解决授权地区非法销售引起的各种问题。

第五，价格控制

分销商为占领市场份额而进行恶性价格竞争会使产品销售偏离正轨、分销商元气大伤，最终使各方都无利可图。因此有效的价格控制应避免这种恶性竞争的发生。

第六，物流控制

货物流通涉及货物的仓库转移、货物装卸、交通运输等方面，任何一个环节出现问题都会影响渠道功能的发挥。建立高效的物流控制系统及健全的信息管理系统可以减少货物在物流过程中的损耗，提高流通效率。

案例4-6

好快省：逐渐拓展的分销渠道

很多人将零配件流通看作汽车行业市值中最高的领域，但在国内的市场中，虽然诸多企业做了不少尝试（例如，汽车超人、诸葛修车等），但时至今日，只有途虎养车一家成为“独角兽”企业。

汽配电商之所以难做，是因为无论是汽车的易损件、全车件，还是标准件，汽配电商都需要解决两大难题：强大的SKU（库存保有单位）和完善的供应链体系。

在全车件销售领域，成立于1925年的NAPA（汽配公司）历经一个世纪的打拼成为美国最大的汽车维修、全车件以及连锁销售商。国内的很多创业公司想要打造一个中国的NAPA，但多年来未能实现。如今，好快省这家企业看起来最有潜力。

于洪江从一汽马自达汽车销售有限公司辞职后，创办了好快省——一家集快修连锁、配件供应于一体的汽车后市场服务公司。

在选择全车件时，于洪江也曾犹豫过，因为易损件汽配容易爆发价格战、中间流通环节不多、电商进入的环节有限。与其他竞争产品相比，好快省做的全车件汽配平台能够从根本上缩短中间环节，从供应链顶端分销到各个汽配商。然而，做全车件的第一个前提就是制订完整的零部件目录，从而匹配强大的数据库。例如，针对汽车的前保险杠这个单件，好快省就需要从品牌、车型、款式选择，直至对应到具体的车架号后才能从上百万种保险杠的不同类型中找出可以匹配的那一款。

据网上公开信息可知，好快省已凭借其原有的主机厂资源拿到大部分的设计采购施工资源。该平台目前覆盖48个汽车品牌、15000多个车型、1.2亿条车辆识别号码。在做好前期准备之后，如何拓展业务成为好快省亟待解决的难题。“我们就是个卖配件的。”于洪江如此介绍自己的公司。

然而，配件能够卖给谁呢?

2015年年底，好快省只对下游汽配商开放；2016年5月中旬，好快省全新改版，开始对汽修厂全面开放。对于汽修厂来说，好快省除了可以有多种选择、保证配件属于正品之外，还改变了平台中的订单流程。

按照传统的汽修流程，只有当消费者有需求时，汽修厂才会向上游询价，等待上游供应商报价。当多家供应商报价后，汽修厂则会汇总分类，得到最低价后再向消费者报价。如此漫长的报价流程自然会延误商机。

但在好快省的平台中，汽修厂可以直接登录平台查询配件价格、自动比价。此平台还提供一键同城、区域和全国找货询价服务，可以直接向消费者报价。消费者比价后再回到平台上下单，等待平台后台系统操作后安排送货上门。

值得注意的是，目前，好快省已经和国际维修品牌马瑞利、德尔福、辉门冠军、阿里车码头合作，为其代理并建立了国内 240 家维修厂加盟店。另外，于洪江的另一个项目“快修哥”则作为快修连锁品牌的代表，在广州开设了近 10 个门店。[1]

思考

1. 好快省怎样设计分销渠道以提高产品销路?
2. 好快省的渠道创新与模式转型有哪些特点? 能为网络营销带来哪些启示?

阅读静思

1. 产品组合的优势是什么?
2. 怎样进行产品定价?
3. 影响价格的因素有哪些?
4. 网络营销渠道有哪些特点?
5. 怎样进行分销渠道设计?

1 本小节内容借鉴《好快省做“全车件汽配电商”的逻辑思路》，车云网，2016 年 5 月 16 日。

第 5 章

网络营销的方法问题

要点导读

1. 熟悉搜索引擎营销的基本概念、基本方法与目标
2. 了解娱乐营销的基本概念和模式
3. 掌握网络整合营销的基本概念、传播特性、传播优势、常用方法与原则

案例5-1

腾讯对交通的倾力投入

在中国的互联网市场中，百度、阿里巴巴、腾讯 3 家公司占据了半壁江山，它们不仅拥有庞大的产品矩阵、超高的市值规模，而且在产业链生态方面深根。伴随国内市场消费升级以及供给侧改革，衣食住行中的“行”也越来越受到企业的重视。

近年来，在腾讯的投资布局中，涉及交通领域的投资高达 18 起，15 家公司获得了腾讯的青睐。

依靠巨大的网络资源优势，腾讯在交通领域的投入，不仅在资金，更在技术、内容、大数据等链条上，帮助企业提升整体品牌的营销效果。

2017 年 10 月 11 日，日产汽车全球营销与品牌策略副总裁罗尔德 · 弗里斯（Roel De Vries）、日产汽车全球销售与经销商网络开发副总裁利昂 · 多塞斯（Leon Dorssers）等人到访腾讯，与腾讯的数字营销专家团队交流。

腾讯的高管表示：“日产汽车不仅是一家拥有丰富产品线的全球性汽车制造商，在营销领域同样是独树一帜的高手。双方在数字营销上的强强合作必将打造出交通行业营销新典范。”

随着社会经济的不断发展，汽车早已从当初的奢侈品走进寻常百姓家。在新车主不断增加的同时，老车主的升级消费也在持续带动市场。汽车行业的营销大战日渐激烈。在网络营销中，关键不在于获取流量，而在于高效地挖掘潜在消费者，通过持续的沟通促成其形成购买意向。

基于庞大的用户基数和网络运营优势，2017 年腾讯在智慧营销峰会上，推出了最新的“Inter-Trace 全链策数据营销解决方案”。作为 ONE Tencent 赋能产业的创新解决方案之一，Inter-Trace 全链策数据营销解决方案集合了腾讯在内容、数据和技术方面的核心优势，打通了营销沟通、谋划、追踪 3 个维度，帮助广告主提供数据支持，为不同行业的消费者提供定制化的品牌营销解决方案。

以汽车行业为例，腾讯提出的营销解决方案主要包括以下 3 个方面的内容。

第一，全链沟通。利用腾讯的社交互动声量洞察分析，结合易车等第三方平台的用户行为，精准定位目标消费人群。

第二，全链谋划。借助腾讯全平台产品内容及数据优势，得出消费者内容偏好及互联网的使用习惯，量身为车企打造符合特定人群的投放策略建议，有效触动消费者。

第三，全链追踪。通过腾讯与消费者合作的私有数据管理平台（Data Management Platform，DMP），辅以基于位置的服务（Location Based Services，LBS）等技术追踪手段，客观衡量投放转化的成绩。

罗尔德 · 弗里斯表示：“腾讯是技术领先的互联网平台，在技术创新、内容生产和数据资源应用上拥有无与伦比的优势。与腾讯合作，有助于更多的日产汽车找到与它们契合的车主。”

事实上，腾讯推出 Inter-Trace 全链策数据营销解决方案的底气就在于腾讯长期以来在娱乐领域的深耕。

目前，腾讯已经建成了包括影视、游戏、新闻、动漫、音乐、体育和文学在内的七大内容产品版块，能够满足用户的多样性需求。

针对喜爱影视剧的用户，腾讯的视频频道、自制影视剧节目，以及综艺节目获得了大量用户的喜爱，这也为广告主准备了点多量足的传播资源。无论是根据产品的特性，将其植入视频内容，还是在创意中插入贴片广告，都能产生广阔的合作空间。

针对体育迷，腾讯承接了 2017—2018 年度 NBA（美国职业篮球联赛）与

2018 年世界杯两大热门赛事，因此腾讯从赛事直播、咨询运营、球星权益等多个角度，定制出多重观众互动套餐。

游戏是人们不可或缺的娱乐方式之一，依托王者荣耀和英雄联盟两大热门竞技网游，以及多款休闲游戏，腾讯的游戏版块已经成为国内最大的游戏平台之一，无论是电竞赛事赞助广告，还是在游戏中植入广告，都能够帮助广告商推广业务。

在新闻资讯方面，腾讯新闻已经成为中国网络用户每日获取新闻资讯的重要平台。通过数据分析发现，消费实力雄厚的成熟型消费者更倾向于使用新闻类产品。对汽车行业的广告主来说，腾讯的新闻平台能够帮助他们筛选出具有汽车消费潜力的用户。

在大量用户数据的收集分析中，腾讯能够做出每个用户的“画像”，确定其消费属性和需求痛点。与此同时，完善的营销矩阵能够帮助广告主从多个角度触及目标用户，向用户推送最具针对性的营销信息。[1]

网络营销并非一朝一夕练就的，要活学活用，现在网络营销的方式有很多，但并不是所有的方式都是适合自己的。虽然网络营销的创业成本较实体创业低很多，但企业要是没有把握也不要轻易行动。企业只有通过整合网络资源之后，才能找到真正的营销之道。

5.1 搜索引擎营销

5.1.1 搜索引擎概述

1. 搜索引擎营销的概念

搜索引擎营销（Search Engine Marketing，SEM）是基于搜索引擎平台的网络营销，利用人们对于搜索引擎的依赖和使用习惯，在人们搜索信息时尽可能地将

1 本节内容借鉴自《技术、内容、大数据一“网”打尽，腾讯全链策营销助日产汽车提升品牌传播效能》，营销智库，2017 年 10 月 11 日。

营销信息传递给目标消费者。搜索引擎营销追求高性价比，希望能以最小的投入获得最大的访问量，并产生商业价值。

SEM 是网络营销的主要手段之一，对于网站推广、网络品牌、产品推广、在线营销等具有明显的效果。随着谷歌、雅虎和百度的成功推广，搜索引擎营销已在整个营销领域独领风骚。它通过较高的搜索引擎排名来增加网站的点击率，即访问量，从而实现产品或服务销售额的提升。网络调研的数据显示，搜索引擎中排名前十的网站占据了 72% 的点击率，排名 10~20 的网站拥有 17.9% 的点击率，而排名 20 以后的网站加起来大概只有 10% 的点击率。

2. 搜索引擎营销的基本方法

SEM 的内容包括搜索引擎登录、分类目录登录、搜索引擎优化和竞价、关键词广告、付费搜索引擎广告、地址栏搜索、网站链接策略等。在此我们简要介绍其中几项。

（1）搜索引擎登录

从工作原理来看，常见的搜索引擎技术可以分为两类：一类是纯技术型的全文检索搜索引擎，通过机器检索程序到各个网站收集、存储信息，并建立索引数据库供用户查询，例如，谷歌的浏览服务功能；另一类搜索引擎技术称为分类目录，利用各种网站向搜索引擎网站提交网站信息，填写关键词和网站描述资料，经过人工审核和编辑，使各网站或网页登录到索引数据库中。

（2）搜索引擎优化和竞价

网站信息在搜索结果中的排名非常重要。在检索结果中，往往前面几页或第一页前几个网站信息的点击率是比较高的。搜索引擎优化就是要通过对网站关键字、标题、网站结构的修改，使网站更符合搜索引擎的检索规则，尽快使网站的排名更靠前。现在，很多搜索引擎都是采用竞价排名的方法，例如，百度在同类网页或网站信息之间，采用付费竞价的形式，谁的出价高，谁在搜索引擎中的位置就排在前面。

（3）关键词广告

关键词是指用户所关注信息中的核心词汇，用户通过使用核心词汇查找到自己期望的网页或网站，谷歌、百度充分利用用户对这些核心词汇的高度关注，在搜索结果的旁边显示关于关键字的产品广告，这就是关键词广告。事实证明，关键词广告是一种成功率很高的媒体宣传方法。现在不少网站在使用网页内容定位的方法，即在某些和搜索引擎有良好关系的网站的某些关键字旁边显示这个关键字的广告链接。这种方法实质上是关键字广告的一种拓展。

3. 搜索引擎营销的目标

SEM 的目标可以分为 4 个层次：存在、表现、关注、转化。

（1）存在

存在是指在网站中尽可能多地获得被搜索引擎收录的机会，也就是增加网页的搜索引擎可见性。搜索引擎营销的第一个目标就是在主要的搜索引擎分类目录中获得被收录的机会。这个基础可以通过竞价排名的方式，使自己的内容尽可能地出现在搜索引擎中靠前的位置。

（2）表现

搜索引擎营销的第二个目标是使网站在被搜索引擎收录的基础上尽可能地获得一个较好的排名。因为用户最关心的只是搜索结果中排名靠前的内容。当关键字检索使网站在搜索结果中的排名靠后时，交通企业的相关网站可以利用关键词广告、竞价广告等形式作为补充手段来提升自己在搜索结果中的排名位置。

（3）关注

搜索引擎营销的第三个目标是提高网站的访问量，也就是通过搜索结果点击率的增加来达到提高网站访问量的目的。只有受到用户关注、经过用户选择后的信息才可能被点击。

（4）转化

搜索引擎营销的第四个目标是转化，即通过访问量的增加转化为企业的收益。从制订各种搜索引擎策略到产生收益，其间的重要因素是网站访问量的增加。访问量转化为收益则是在网站的功能、服务、产品等多种因素的共同作用下产生的。

转化属于战略层面的目标；其他 3 个目标属于策略范畴上的目标，具有可操作性和可控制性。而实现以上 4 个目标是搜索引擎营销的主要任务。

5.1.2 搜索引擎优化

1. 搜索引擎优化的概念

搜索引擎优化（Search Engine Optimization，SEO）是遵循搜索引擎科学且全面的理论机制，通过对网站结构、网页中的文字、站点间的互动外交策略等进行合理的规划部署来发掘网站的最大潜力，使其在搜索引擎中具有较强的自然排名优势，从而对促进企业在线销售和强化企业品牌形象起到更大的作用。

SEO 可以让网站在谷歌、百度等搜索引擎中获得较好的排名，从而赢得更多潜在的消费者，同时它也是搜索引擎营销（SEM）的一种方式。

2. 搜索引擎优化和搜索引擎营销的关系

搜索引擎优化（SEO）和搜索引擎营销（SEM）的关系见表 5-1。

表 5-1 搜索引擎优化（SEO）和搜索引擎营销（SEM）的关系

	竞争关系	合作关系	互补关系
SEO	见效慢，效果持久，投资回报率高	有价值的关键词可以进行排名	利于排名、关键词精准，排名相对稳定，成本低
SEM	见效快，具体排名与预算金额高度相关，排名上升快，下降也快	有价值的关键词可以进行排名	制订一些绩效确定、不容易通过 SEO 获得良好排名的关键词，成本高

3. 搜索引擎优化的步骤

（1）关键词分析。

（2）网站架构分析。

（3）网站目录和页面优化。

（4）内容发布和链接布局。

（5）网站分析。

5.1.3 关键词的优化

关键词的优化主要包括关键词的选择、关键词的密度和突出关键词。

1. 关键词的选择

第一，关键词的选择需要优化关键词。搜索引擎主要提供与关键词相关的内容。如果网页上有相关的关键词，该网站的排名就会更靠前。2~3 个关键词可以组合成长尾关键词。长尾关键词既可以放在内容页面里，也可以放在标题页面中。

第二，关键词的选择需要筛选长尾关键词。筛选长尾关键词时可以采取以下 8 种策略：一是站在消费者的角度考虑；二是将关键词扩展成短语；三是进行多重排列组合；四是使用专业词组限定来访者；五是品牌企业使用企业名称或品牌名称；六是使用地理位置；七是了解竞争对手使用的关键词；八是勿用单一关键词。

2. 关键词的密度

关键词的密度是指关键词的数量与该页面总字数的比例。在搜索引擎中，为了得到更好的排名，在搜索引擎允许的范围内，重要的关键词必须在页面中出现若干次。

提高关键词的密度的方法：把关键词放在不同的句子或段落中，以引用对话的形式进行写作，善用列表，把关键词分布在网页的不同位置，创建一个有更多信息的超链接使措辞尽量口语化，使用简单且完整的内容交互，在关键词组中增加一些词，将指代的事物表述完整。

3. 突出关键词

突出关键词是吸引浏览者的一个重要因素。搜索引擎会专注于网页的某个部分，处于这个部分的词语比其他部分的词语更容易被搜索到，这就是突出关键词的方法。

突出关键词的常用方法有文本自动提取法、标题、超链接文本、置顶、图片 ALT 属性（规定在图像无法显示时的替代文本）等。

5.1.4 其他优化

1. 网页标题优化

网页标题是网站优化中最重要的元素之一，因为搜索引擎在检索网站时首先看到的就是网页标题。在写标题的关键词时应考虑以下问题：一是要用关键词简短概括网页内容；二是要控制网页标题的字数；三是切勿在标题中堆砌关键词；四是标题的设置要醒目；五是要学会用标题推销产品和服务。

2. 网站内容优化

网站内容优化主要从以下 3 个方面入手。

（1）原创网站内容

撰写原创文章是交通企业网站建设的必要前提。原创网站内容的创意和素材的源泉可以通过跟踪阅读相关书籍和杂志获得，也可以通过交通行业的网上论坛等方式来寻找思路与信息。

（2）网站内容的更新

定期对网站内容进行适当更新，例如，每个星期更新部分原有的文章，月底时使整个网站的文章更新率到 60%。适当地更新内容有利于搜索引擎定期进行检索收录和快照更新。一般情况下，快照更新越频繁，网站排名越靠前。

（3）网站站内的内部链接

网站站内的内部链接最常用的方法是建立网站地图，建立网站地图的目的是从网站首页起用户最多点击 4 次即可到达每个网页。网页的相互链接尽量使用文字导航、链接文字、整站的 PR 值（全称为 PageRank，用来表现网页等级，级别为 0 到 10）等方式实现。

3. 网站站外优化

（1）好的外部链接应具备以下条件：内容相关性、链接网页排名、链接网页的整体排名、确定锚文本、明确链接位置、了解网站的整体运行情况。

（2）对于外部链接的建设，大部分网站优化人员可能会使用论坛、百度的相关服务产品等。不同种类链接的优缺点见表 5-2。

表 5-2　不同种类链接的优缺点

链接种类	优点	缺点
网站分类目录链接	容易获取，可在一定程度上控制锚文本，可选择相关的内容直接获取流量	有些网站目录的权重被降低，有些目录需要付费，有些目录的域名相关度不高，有些目录需要长期等待
大量交换链接	容易获取可控制锚文本	链接价值低，相关度偏低，搜索引擎在努力追查潜在危险
寻求链接竞争对手的链接列表、目标关键词排名较好的网站、行业内的高质量网站及相关博客	可找到高质量链接目标，可带来直接流量，好的锚文本相关度高	不容易寻找，非常耗费时间和精力，有可能需要支付一定的费用
大批量购买链接	容易获取可控制锚文本，具有一定的相关性	有可能受到搜索引擎的“惩罚”，低质量网站较多，可选择的范围有限
赞助有价值的商业活动，并从活动组织者的网站中获得链接	通常是高质量网站链接的相对价值较高，竞争对手不易获取	成本较高，需要寻找合适的机会
博客链接，获得第三方博客链接，建立网站所属的博客，通过本站博客来导入链接	资源丰富，可控性强，进入门槛低	博客的权重通常较低，质量不稳定，需要长期坚持
热门话题链接实用的信息可引起话题讨论，例如，第一手新闻、有用的工具等	潜力巨大，品牌影响力较大，媒体曝光度较高，成本较低	存在想法和实施方面的不确定性

5.1.5　搜索引擎营销计划

与其他网络营销的方法一样，在进行搜索引擎营销之前，要先制订搜索引擎营销计划。搜索引擎营销计划分为需求分析、策略分析、实施步骤、预期目标、效果监控计划等。

1. 分析搜索引擎网站的需求

不同的搜索引擎营销网站有不同的目标。目标不同，需求也不同。搜索引擎营销的需求被分为品牌需求、形象需求、用户需求和销售需求。

（1）品牌需求

以品牌需求为目标的站点不以推广某种产品为主要目的，而是希望利用站点本身的内容完善整个品牌体系和服务体系，并借助这个平台推广自己的一些最新的产品线或某种型号的产品。例如，IBM、Nike 等官方网站本身就是一个品牌的形象展示平台，它们同样需要获得一个服务体系的补充。

搜索引擎的营销重点是如何塑造更好的企业形象并获得更多用户的青睐，具体可采用投放广告、展示用户评价、展示产品类别等方式。其特点为整体性强、影响力持久、手法多元、结构稳定、耗资巨大、人员需求量大、作用人群广泛。

（2）形象需求

以形象需求为目标的站点主要以形象广告为主，可以根据产品的某种性能或者特点量身定做，具有不可复制性。其目的是快速、有效地打造一个以前并不存在或者在同类产品中具有相同属性和不同特点的以形象为主的产品，然后根据其形象定义产品线。例如，新浪微博的站点针对性较强，采用的方式有投放广告、投放软文、产品特点展示等。其特点为快速、定位精准、耗资较大。

（3）用户需求

以用户为目标的站点主要与互联网门户、概念网站等挂钩。其采用的方式主要有搜索引擎优化、投放关键词广告等。其特点为覆盖面广、效果持久、投资较小、见效较快。

（4）销售需求

以销售为目标的网络类群体集中在中小企业，其目的是增加销量、减少成本、扩大企业影响力、拓展企业业务。搜索引擎的营销手法多样，例如，投放关键词广告、搜索引擎优化、软文投放、卫星站点建设、配套服务站点建设、文案组织等。其特点为效果精准、投资与回报率较高。

2. 制订搜索引擎的营销策略

搜索引擎的营销策略可以分为技术策略和商业策略：技术策略是指采用搜索引擎优化等技术改变自然排名效果的策略；商业策略是指采用各种付费方式，以商业投入资本的方式影响搜索引擎的效果。

在设计上，搜索引擎优化一般遵循以下原则。

（1）避免使用过多的图片和动画。

（2）多用静态网页，动态网页最好生成静态网页的样式并缓存。

（3）用好关键词，可以将搜索引擎提供的关键词工具作为辅助工具。

（4）重视外部网站链接的数量和质量。

（5）利用网站地图为搜索引擎访问网站提供便利。

3. 制订搜索引擎优化竞价排名的实施策略

为企业制订竞价排名的实施策略一般可以分为以下几个环节。

（1）分析目标企业是否适合竞价排名。

（2）选择适合目标企业的搜索引擎。

（3）根据企业的实际情况提供适量的关键词。

（4）提供点击率和业务达成的转换率。

4. 搜索引擎付费模式的选择

针对不同搜索引擎的营销需求，采用不同的付费模式来实现不同的营销目标。具体的付费方式如下所述。

（1）按展现次数付费（Cost Per Impressions，CPM），即 CPM 模式。

（2）按点击次数付费（Cost Per Click，CPC），即 CPC 模式。

（3）按成功引导用户行为的次数付费（Cost Per Action，CPA），即 CPA 模式。

（4）按回应次数付费（Cost Per Response，CPR），即 CPR 模式。

（5）按销售笔数付费（Cost Per Purchase，CPP），即 CPP 模式。

（6）包月计费。

（7）按业绩付费（Pay For Performance，PFP），即 PFP 模式。

（8）来电付费广告。

（9）其他计费方式。

5.2 娱乐营销

案例5-2

长城汽车的娱乐营销

娱乐营销是网络营销中的一个非常重要的方面。只有让用户感到快乐、有趣，网络营销的效果才会更加明显，在众多的娱乐营销中，长城汽车的娱乐营销值得行业内相关人士学习。

◆ **在工厂里与奥运冠军一起跑马拉松**

虽然很多人跑过马拉松，但很少有人跑过工厂赛道；虽然很多人见过奥运冠军，但很少有人有机会与他们同场竞技。2019 年 6 月，国内首个以工厂为赛道的马拉松比赛——长城汽车 2019 智慧工厂半程马拉松在保定长城汽车试验场开跑。奥运冠军何雯娜、世界田径名将史冬鹏等体育明星现身参加此次活动。这些明星的加入不仅让广大跑步爱好者一睹智慧工厂的魅力，也让他们与奥运冠军一起站在了同一竞技台！

◆ **周末去哪儿？长城汽车品牌体验中心值得一逛**

打一场球、喝一杯咖啡、组织一场聚会……如今，这些平日里的娱乐休闲项目不再只是咖啡厅、购物中心等场所的专属。2019 年 6 月，长城汽车首家品牌体验中心正式开业。在该体验中心，消费者不仅可以一览长城汽车四大品牌车型的魅力，还可以喝咖啡、品尝美食、打篮球、交流学习、进行亲子活动等，畅享慢节奏的舒适生活。这种营销模式已经融入生活的各个层面，消费者在不知不觉中就会受到影响，为营销买单。[1]

1 本节内容借鉴腾讯网《盘点 2019 年长城汽车八大营销案例》，汽车探索。

5.2.1 娱乐营销的定义

所谓娱乐营销，就是借助娱乐的元素或形式使产品与消费者建立情感连接，从而达成以销售产品、提高消费者忠诚度为目的的营销方式。从娱乐营销的原理来看，娱乐营销的本质是一种感性营销。感性营销不是从理性上去说服消费者购买，而是通过情感共鸣的方式引发消费者的购买行为。这种迂回策略更符合市场文化，在市场中能起到很好的效果。

1998 年，有位学者曾发表了一篇题为《体验经济时代来临》的文章，阐述了经济历史演变的几个阶段：农业阶段、工业阶段、服务阶段和体验阶段。随着新消费时代的到来，人们的生产及消费行为发生了很大的变化，从注重产品的实用性和价格，到从情景和情感出发更加注重产品的感官体验和心理认同。

娱乐的本质和营销的目的是相通的，娱乐网络营销属于体验式营销的一种。

人们为什么需要娱乐？因为娱乐是人们对美好生活的一种向往与追求。营销就是想方设法地让目标消费者支付足够的时间和足够的金钱来换取想象中的美好生活，娱乐和营销有时就是紧密相关的。

娱乐营销的形式是多种多样的，它包含微博、微信、微电影、视频、App、电影、电视、广播、体育活动、旅游和探险、画展、音乐会、主题公园等相互融合的营销活动。例如，众所周知的迪士尼主题公园，当消费者坐在小船上时，年轻的水手为消费者摇船，送消费者进入魔幻世界，让消费者置身其中。当消费者面对迪士尼产品或与之相关的服务时，谁能够拒绝呢？再如，柏林的索尼中心是一个科技互动中心，无数来自世界各地的年轻人聚集于此，在体验着高科技带来的新鲜感与快乐的同时，这些潜在用户早已不知不觉地认同了索尼的技术。

5.2.2 娱乐营销的发展趋势

世界著名会计师事务所普华永道曾指出，随着自媒体时代的到来，中国的网络营销市场开始进入高速发展时期，预计到 2023 年，中国的网络广告收入将达到 1092 亿美元，中国的网络营销市场在未来 5 年内将以 14% 的复合年增长率发展。

其中，移动视频网络广告将成为未来娱乐营销发展的重点。这源于当前移动社交平台发展的良好态势，以及其更快、更便捷的发展特性。自 2018 年以来，快手、抖音、美拍等短视频应用平台发展迅猛，娱乐营销也开始以社交媒体为媒介，这种变化充分体现了大众生活方式、消费方式的转变。

5.2.3 娱乐营销的方式

娱乐营销的常见方式包括爆发式营销、口碑营销、文化营销、活动营销、植入营销、话题营销、体验式营销等，其关键在于让消费者潜移默化地接受品牌信息，而不是硬生生地被灌输或牵引。

1. 视频营销：巧妙植入广告，在网络中迅速传播

互联网对于电视、广播等传统媒体有着相当大的冲击力。而网络视频从进入人们视线的那一刻起，就以其鲜活的魅力迅速抢占互联网的制高点。随着网络视频的逐渐成熟，其重要性已经不容忽视，越来越多的个人和企业会从中受益。

（1）网络视频广告与电视广告的“碰撞”

对网络用户来说，拍客拍摄的短片、有创意的网络广告因其视频内容的亲民性、娱乐性而受到欢迎。如果这种类型的视频运作得当，就会非常有利于交通企业快速提升产品或服务的品牌影响力和品牌知名度。例如，中国高铁“走红非洲”的网络视频，让全世界迅速了解了中国高铁的技术，构建了中国高铁在全球的良好国际形象。

网络视频营销的具体形式是在视频前、中、后植入广告。这种营销方式既有电视广告的感染力、形式与内容的多样性，又有网络营销的互动性、传播主动性和快捷性。

① 成本低

成本低可能是大家选择视频营销的直接原因之一。一条电视广告动辄需要投入几十万元、上百万元，甚至上千万元、上亿元的资金，而视频广告不需要邀请大明星，不需要耗费较多的资金去制作，在网站的传播也是免费的，成本较低。

网络广告公司 BurstMedia 的研究表明，56.3% 的在线视频观众可以回忆起视

频里的广告内容，这说明视频广告有着极高的性价比。在这种情况下，那些准备削减广告预算的公司必定会向视频营销模式转变。

② 目标明确

一般的电视广告没有明确的目标消费者，只是在电视上定时播放。而视频广告往往能够比较准确地找到目标消费者。例如，在 YouTube（优兔，一个视频网站）上有一个群设置。在这里，拥有相同兴趣的消费者比较集中，他们可以在特定的群投放广告。如果这个群里主要是汽车爱好者，公司就可以在这个群投放汽车、汽车俱乐部、汽车美容等方面的广告。这样做往往能够取得不错的营销效果，因为它的针对性较强，目标消费者比较明确。

③ 互动性强，主动传播

网络营销拥有较强的互动性。网络用户不只是单纯地看视频，还可以和上传者、网站编辑通过留言的方式进行互动。网络用户的回复与讨论从另一个角度看，也提高了该视频的关注度，而且网络用户回复和讨论得越多，视频的访问量越高。

如果视频广告的内容比较精彩，网络用户还会主动分享到自己的 QQ 空间、微博、抖音、快手或者其他平台里，无形中对视频广告进行了免费传播。而电视广告不具备这个优势。

④ 传播速度快

视频广告在网络上的传播速度之快令人震惊。一个非常有趣的视频的访问量可能在一夜之间就高达几十万。

（2）不要把视频做成企业的宣传片

一般企业的宣传片是企业自主投资制作的，主要介绍企业的发展历史、主营业务、产品范围、企业规模等，有点像纪录片。虽然有些企业的宣传片制作精良，但与巧妙地将企业或产品的名字植入有创意的视频广告相比，企业的宣传片还是缺乏活力。

（3）合适的广告形式

曾有一个针对普通网络用户的调查问卷，这次调查问卷主要涉及以下 4 个问题。

第一个问题：如果在搞笑视频中添加广告，你会继续看视频吗？第二个问题：如果在你看视频看到一半的时候插播广告，你会等广告结束后继续看视频，还是会选择跳过广告？第三个问题：如果视频广告不超过 10 秒，你会选择跳过视频，还是等待广告结束？第四个问题：你是否会认真看网络广告？

第一个问题的答案：32% 的人会继续看，43% 的人觉得无所谓，25% 的人会选看其他视频。第二个问题的答案：24% 的人愿意等待广告结束，65% 的人选择“不一定”，11% 的人会跳过。第三个问题的答案：61% 的人会等待广告结束，33% 的人选择“不一定”，6% 的人选择跳过。第四个问题的答案：32% 的人会认真看广告，61% 的人选择“不一定”，7% 的人不会认真看。

以上数据表明：网络用户对于插播广告的行为还是可以接受的；网络广告更能吸引用户的眼球，因为在网络广告插播时选看其他视频的人很少；插播广告的时间不要太长，10 秒左右即可；完全不会看广告的人很少。

① 视频内嵌

视频内嵌是视频广告最常用的方式之一。优酷网、腾讯视频、爱奇艺等视频网站经常出现这类广告。视频内嵌的广告可以放在视频播放前、视频播放中、视频暂停时或视频播放后，一般的时长为 15~30 秒。大部分网络用户虽然不是特别喜欢这种方式，但是他们基本不会跳过广告，而是选择继续观看。

② 网页内嵌

流媒体的广告是镶嵌在网页中的。例如，搜狐、网易、新浪等网站的视频频道都有这样的广告。有的时候，流媒体的广告会显示在网页的固定位置（视频的左右两侧）；有的时候，流媒体的广告会在打开视频网页的一瞬间出现。

这种广告的好处是不会影响用户正常收听、观看，但会让用户在收听和观看视频的整个过程中都能看到。而且这种广告一般是带有超链接的，只要点击广告中任一画面，就会链接到相关的网页。

③ 局部覆盖

这种广告也比较常见，主要以文字或图片的形式在视频播放的过程中覆盖网页的局部区域。广告部分有的带超链接，有的不带超链接。

④ 内容植入

这种形式的广告设置得比较巧妙，一般都有较强的故事性，是受企业欢迎、能让用户接受的一种广告形式。

在内容植入方面，大众汽车的《星球大战》广告就是一个很好的例子。在这个广告中，一个小男孩装扮成黑武士，不停地对跑步机、狗狗、玩具、洗衣机等“发功”，但是它们都没有反应。小男孩很失望，之后小男孩的爸爸开车回来了。小男孩还是没有放弃，继续对着汽车“发功”，结果汽车的灯竟然亮了——原来是小男孩的爸爸在遥控汽车。这时候，人们还看不出端倪，直到最后出现大众汽车的标志，大家才恍然大悟，这是一条大众汽车的营销广告。

（4）制作视频的方式

在制作视频的时候，可以选择以下 3 种方式。

① 拍摄视频

拍摄视频主要是用摄像机进行拍摄，拍摄完视频后再进行剪辑。当然，在制作视频的时候，为了增加视频的访问量，也可以对不同的视频片段进行整合，借用很多当下比较流行的音乐、图片、影片的部分桥段等。前面提到的《星球大战》广告就是采用这种方式。

② 制作 Flash 动画

这种 Flash 动画可以将音乐、声效、动画和有趣的界面融合在一起，从而制作出高品质的动画效果。例如，有一个 Flash 动画的标题为《伤不起，我亲爱的培训经理》。在这个 Flash 动画里，穿着一身红衣服的动画人物在对培训经理大倒苦水。看完视频后，人们才知道这是一条培训点评网的广告。

③ 制作三维动画

三维动画完全是在计算机中制作出来的，具有立体感。三维动画广告能够进行全方位的展示。一些网页游戏商、房地产商经常会用这种形式的广告来刺激网络用户对产品的视觉感受。

视频制作完成后，如果公司网站的后台服务器有足够的支撑力，那就把视频添加到公司的网站上。在大多数情况下，视频可以先通过视频网站上传，然后再被转载到博客、微博、QQ 空间等其他平台。

（5）视频一定要有创意

视频营销是将有趣、有用、有效的“三有”原则与“快乐为主”原则相结合的创意营销，这也正是越来越多的企业将它作为营销手段的主要原因。那些在互联网上访问量过万的视频都是相当有创意、有特色的。对于视频营销来说，没有创意就没有访问量。

案例5-3

华润三九公司突破常规的暖心营销

为了减少负面情绪的影响，华润三九公司打造了一个“有人偷偷爱着你”的暖心短片。

在该短片中，华润三九公司通过 5 个串联的生活故事以及出其不意的故事情节，巧妙地传达出“无声的呵护与温暖”这个主题，短片通过真情实感的表达直击社会情绪的痛点，传达出“世界不像你想象的那么糟糕，你的背后一定有人在偷偷爱着你”的主题。这场对大众心灵的治愈短片为华润三九公司塑造了暖心的形象，华润三九公司也通过三段式的立体化视频得到了全网的关注。

为什么这种看似与商业无关的视频可以让企业在大众眼中树立良好的形象呢？因为它以大众最真实的情感出发，将品牌、生活、人性等多种元素融合在一起，从而打动观众的心，引发情感共鸣，这是一种比较高级的网络营销模式。视频广告归根到底也是广告的一种。如果广告没有情感，就失去了生命力。视频广告对于情感的要求可能更高。互联网中有创意的视频广告层出不穷，但如果缺乏情感铺垫，一般很难突出重围。

视频广告的创意主要体现在巧妙地嫁接和转化上。虽然制作视频的目的是广告宣传，但是又不能将其直接暴露，必须在该产品上嫁接一些和它没有内在联系的内容，让大家在无形中接受。

好的视频广告的创意可遇而不可求。一个好的创意不是三言两语就能说清楚的。它既包括整体的策划，又包括细节的设计，以及结构、节奏、台词、画面、演员等多个方面恰到好处的配合。

（6）有趣、情感与猎奇是视频广告的“必杀技”

优质的视频广告能够让观众愿意彼此分享，它一般拥有独特、新颖、有创意的内容。网络中各种各样的信息已经让人应接不暇了，如果不能在最短的时间内抓住网络用户的眼球，那么用心制作的视频在互联网中可能很快就被淹没了。一般情况下，网络用户的耐心是有限的，坚持观看视频广告的时间最多为 1~3 分钟。因此要想把握住机会，首先要掌握有趣、情感与猎奇这 3 个视频广告的“必杀技”。

① 有趣

YouTube 上有一个视频，仅仅两天时间，这个视频的访问量就高达 40 万。在视频中，一个年轻人在镜头前完成了各种各样悲剧性的演出，似乎命运在任何时候都在与他作对。网络用户怀着看热闹的心态，竟然把这段视频“点”上了排行榜的首位。当视频结束后，网络用户才恍然大悟，原来这是索尼“不可否认的电视”的宣传广告。

这段视频看起来没有什么技术含量，与我们经常在电视中看到的家庭诙谐幽默类广告差不多。但是这个广告在排行榜上夺魁，就是因为它实在是太有趣了。这种有趣的视频永远会给人带来快乐，因此看到视频的人愿意当它的义务宣传员。

② 情感

与情感相关的视频往往能引发共鸣，因此比较受大众欢迎。传递一种真情，以情系人，以情动人，一般能够达到很好的宣传效果。因为当人们看到视频时，已经不在乎它是不是广告了，即便知道是广告，也愿意继续观看。

③ 猎奇

猎奇是人的天性。2006 年有一部比较受欢迎的电影叫《好奇害死猫》。只看名字，可能就会有很多人想去电影院看这部电影。一个视频如果能够满足大众的猎奇心理，自然就有了卖点和看点。从这个角度来看，视频广告背后的故事也是一种营销手段。

（7）允许娱乐化，拒绝恶俗

营销采取娱乐化的方式，可以让消费者会心一笑，也可以让消费者印象深刻，但绝对不能以恶俗的方式博取消费者的眼球。例如，一些营销机构因为尺度把握不好，有些恶俗的营销内容出现，最终被消费者唾弃。近年来，抖音、快手等平台迅速崛起，相关部门对营销内容的把控将更加严格，恶俗的内容将再无立足之地。

（8）让更多的人看到视频

视频制作完毕，怎样才能让更多的人看到呢？核心战略是想办法让视频进入排行榜，甚至位列排行榜首位。以 YouTube 为例，在这个平台上，每天至少有数千万个视频被网络用户观看，通常人们选择视频都是从点击 YouTube 主页上的视频频道开始的，而排在每日热门视频排行榜里的视频的访问量总是居高不下。

总之，只有让尽可能多的人通过各种渠道和方式看到自己制作的视频，才会有更多的人去转发。不过需要注意视频上传的时效性，如果行动不够快，视频可能刚上传完就“沉底”了。

（9）将关键词作为标签

做网络营销必须进行搜索引擎优化，做视频营销也要进行搜索引擎优化，优化的手段是匹配关键词。

很多人喜欢在百度视频里搜索自己想看的视频。他们通常都会输入一个词或者该视频的名称，这些都是关键词。一般情况下，每个视频网站在上传视频时都会设计标签，这样就能让视频出现在相关搜索的结果里。

怎样才能策略性地贴好标签？首先，要选择三四个关键词作为标签，这些标签不能模棱两可，必须明确。如果标签是独一无二的，效果就会更好。有了合适的标签，视频才能排到搜索结果的前面。如果视频已经上传了一段时间，网络用户的访问量逐渐减少，则可以给视频添加一些比较普通的关键词作为标签，例如，一些长尾关键词。

还有一种方法是借力关键词。在为视频制作标签时，也可以借力关键词。如果制作的视频借用了一些热门的歌曲、电影或电视剧里的关键词，就可以把标签制作成类似于这样的格式，例如，歌名或影视剧名、歌手或主演名、品牌名称、公司名称、泛关键词等。当一首歌、一部电视剧或一部电影比较受欢迎的时候，会有很多人对其进行搜索，将这些词作为关键词同样会增加视频的访问量，这种借力营销可以起到很好的宣传效果。

2. 图片营销：让用户成为你的免费推销员

现在图片营销已经成为人们常用的网络营销方式之一。在线上聊天、浏览网页时，人们时常会收到朋友发来的有创意的图片，常常在网页新闻上看到以图片为主的帖子。这些图片大多会有一些广告信息，例如，在右下角带有公司网址、公司名称等，这就是一种常见的图片营销方式。

图片营销在生活中很常见，广告牌、广告灯、车身广告等都属于图片营销。不过这种广告的成本投入较高；而图片营销则不同，可以在省钱的同时，达到更好的营销效果。

（1）图片比文字的吸引力更强

心理学研究表明，在人们所接收的全部信息中，83% 的信息来自视觉，11% 的信息来自听觉，其余 6% 的信息来自嗅觉、触觉和味觉。这说明人们有相当高的视觉感受力。这就给营销带来了一条重要的线索——视觉营销，即利用视觉引起用户的消费欲望。

有创意的图片恰恰就是提升用户关注的一个入口。图片比视频更简洁，比声音更具体。有创意的图片能够让人放松地欣赏艺术，而不会把注意力集中到营销上。这种直观的营销方式会弱化营销的商业性，瞬间让人记住产品或图片中所宣传的内容。有时候，视觉就是这么神奇。

（2）利用论坛和社群传播

网络营销是创意加上渠道的现代化营销方式。只有创意，没有渠道，就好比美酒虽然飘香，却只能埋没在深巷里。人们要想采用图片营销达到预期的目的，就必须擅用渠道。论坛、QQ 社群是进行图片营销的重要渠道。

① 论坛传播

很多网络红人是因为其照片被发布到论坛里而引起大家关注的。由此可知，如果想做图片营销，其中一个有效的方式就是把图片发到论坛里。如果图片有创意，自然会引发大家的热烈讨论，也会有热心人帮忙免费宣传，将之传播到其他平台。但在图片营销初期，也要找到一个用户比较多的论坛，否则，再好的图片在发布之后也可能石沉大海。在寻找用户比较多的论坛之前，首先要明确自己的营销目的。现在的网络论坛大体可以分为 3 类：综合类论坛、兴趣类论坛和地域类论坛。用户可以根据图片内容的相关性，明确论坛的方向。

如何判断一个论坛是否拥有较多的用户呢？首先，查看百度搜索引擎中相关关键词的搜索排名；其次，查看论坛的活跃度，例如，帖子的更新速度、数量、在线人数、回复数量等；然后，查看论坛中友情链接的数量；最后，根据营销需求，查看论坛的专业度、资源数量等要素。

② QQ 社群传播

社群是另外一个比较常用的图片营销渠道。在网络中，大部分网络用户都在使用 QQ，基本上每个人都会加入几个不同类型的 QQ 群。不管是企业群，还是业务交流群，总会有人在聊天时发几张图片，以增强 QQ 群的活跃度。群里的这些人有可能把企业的图片转发到其他群，经过不断传播，企业广告就会被更多人看到。

需要注意的是，在社群发图片时最好有针对性。例如，如果企业做的是网络营销方面的产品，那么企业就应该加入一些网络营销 QQ 群，在这样的群里发图片。

虽然说一张好的图片会被迅速转发到网络的各个角落，但是一张有明显广告意图的图片通常是不会被转载的。如果在 QQ 群或者论坛里，某企业营销者发的图片上写着“×× 产品，限期优惠，欲购从速，电话 ××，QQ××”，估计图片刚发出去，就会被群主屏蔽或者删除了。也就是说，企业做广告时一定要懂得技巧，要把广告做得有新意、有创意，不能过于直白，否则，宣传效果会大打折扣。

（3）对图片进行搜索引擎优化

图片搜索和网页搜索一样，都是为用户提供相关资讯的搜索结果，在网页中会有排名。如果图片被排到了几十页之后，几乎是不会有人看到的。因此营销者对图片进行搜索引擎优化很有必要。

在做图片的搜索引擎优化之前，一定要明白一点，即当前的搜索引擎技术仍然无法读取到图片嵌入的文本内容。这个问题在一定时间内也未必能够解决。也许制作的图片中有非常吸引人的广告词，也许图片中附有独一无二的宣传语，但当前的问题是这些图片中的文本内容没有办法通过搜索引擎获取。

那么，怎样才能让图片赢得搜索引擎的“芳心”呢？

第一，可以将图片保存为常规的 HTML（超文本标记语言）格式。将图片转换成文字程序源代码，这样就可以让搜索引擎发现、认识、了解并完全解析。

第二，向网站提供更多与图片相关的信息。调研发现，网页搜索与图片搜索有一个明显的不同之处，即用户在搜索图片时可以花 30 分钟浏览 50 页的内容。但在搜索网页时，只有 30% 的人会浏览到第三页。

第三，图片的名称与文档相匹配。给图片取一个和文档匹配的名称很重要，当搜索引擎不能准确识别图片的内容时，图片的名称会辅助搜索引擎找到图片。

第四，图片的注释、标签和说明文字对关键词搜索同样重要。一般情况下，要为图片加上正确的说明文字和适当的标签和注释。

第五，为图片创造良好的上下文环境。除了相册里的图片，一般的图片都会附在某篇文章中。这时，图片所在的网页以及图片周围的内容（例如，说明文字或图片标题）都会向搜索引擎提供重要信息。

只要图片有相当好的创意，并且巧妙地结合了企业或者产品的特点，就能抓住人心，让更多的人传播，企业一定要在图片上花心思。

（4）广告植入不要太明显

简单地说，广告植入就是使用网络上转载率和曝光率比较高的图片来进行推广。例如，一些比较有趣的 QQ 表情、动态图片等都可以用于图片营销。

（5）图片制作有讲究

① 注意图片质量

虽然说图片的质量越高越好，但同时也要注意，质量过高的图片占用的存储空间也比较大，打开网页和下载图片的速度也比较慢，这样就会使用户的体验感变差。因此建议在制作图片时，将图片大小控制在 100kB 左右，不要超过 1MB。一般来说，图片的尺寸应该小于 600×4500，图片的尺寸不要超过整个屏幕的高度。最好所有的图片保持一种格式，不要杂乱无章。

② 添加水印

有时候，用来做营销的图片需要企业自己拍摄。对于这种图片，企业可以添加水印。这样做一方面可以享有图片的版权，另一方面可以在图片被搜索或被转发时增加企业的曝光度。

（6）有创意、有主题，才有吸引力

企业应该给大众一个合理的、有意义的舆论导向。图片营销要有创意、有主题，这样才能通过网络营销让企业与商家、网络用户实现共赢。

3. 影视模式

（1）主要通过吃穿住行等植入产品信息，例如，汽车、计算机、手机、化妆品、珠宝、服装类型等。

（2）通过微电影、视频、影片的情节植入对白、背景、特效等。

（3）通过首映礼、冠名、贴片广告、形象授权、宣传品广告、片尾鸣谢、花絮等植入广告。

4. 新媒体娱乐营销

新媒体娱乐营销最大的特点就是互动性强、传播快，网络上各种类型论坛的人气都很高，借助于论坛的高人气做新媒体娱乐营销已是常见的网络营销方式。

5.2.4 投放效果

娱乐营销成就了很多创造力非凡的公司，很多企业应用娱乐营销推广品牌，例如，百事可乐通过采用各种娱乐营销的方式成为最受欢迎的饮料品牌之一，娱乐营销的投放效果不言而喻。

1. 投放分析

（1）把握目标用户的心理特点。

（2）以创新的娱乐方式满足用户的娱乐心理。

（3）引发用户积极参与、互动与传播。

（4）深刻了解用户的好奇心理。

（5）把握舆论制高点，注重媒体传播。

总之，在为用户服务的时候，要将焦点放在用户体验上，在用户体验中注入娱乐元素，想方设法地为用户提供更多的娱乐体验。

2. 价值多元化

娱乐营销正在为企业创造多元化的价值，主要表现在以下几个方面：在短时间内提升企业的知名度，打造企业的美誉度；快速推广新产品，宣传新概念；提升企业的竞争力，加强对用户的吸引力；让用户满意，提高用户的忠诚度；让员工更加热爱工作，提升员工的满意度；为企业创造利润，战胜竞争对手。

案例5-4

车轮：从功能营销到社群营销

车轮 App 是一款非常受车主欢迎的终端应用产品。这款 App 能帮助车主方便、快捷、准确地查询自己车辆的违章情况。车轮 App 于 2012 年上线，这款 App 主打的是功能化营销，如今切入社群模式，主打的是更为丰富的互联网文化，车轮的网络营销代表了交通领域 App 未来的发展方向。它从单纯的工具逐渐转化为一个为车主服务的综合平台，借助用户属性，建立起完整的生态系统，为更深层次的网络推广做出了典范。

车轮 App 刚诞生时是以产品为主导的：用户可以通过车轮 App 输入自己车辆的相关信息，第一时间获取车辆的违章信息，并及时进行相关处理。由于在车轮 App 中，车辆违章的大数据库的接入点较为丰富，准确率较高，所以这款 App 很快受到了车主的欢迎。借助各大论坛的广告投放、用户的口碑传播，车轮 App 迅速积累了第一批用户。但是这个阶段的车轮 App 只是一个工具，它以技术为主导，并不涉及过多的运营。尽管车轮 App 属于日常使用类产品，但受限于其功能化、私人化的特点，更多的营销推广很难进一步进行，所以它的营销手段比较受限。经历了初期发展的车轮 App 将重点放在社群运营上，只有打破单一的功能壁垒，接下来的营销才会取得进一步成效。社群运营的目的就是要让产品的价值最大化，要让更多的人使用该产品。在互联网时代，流量为王。只有打破社群壁垒，每个用户使用该产品的频次才能大幅提升，该产品的流量才会呈现快速增长的趋势。这种趋势对应的就是渠道推广——此平台的活跃用户越多，在这个平台上做活动所能取得的效果就会越好。因此社群运营是车轮 App 查询违章发展的方向。

车轮 App 的具体营销模式是营销者从积分入手对工具型 App 进行改善。车轮 App 制订了这样的规则：每个用户都有积分，如果出现违章，积分就会减少。根据这个排名，每周周一中午 12 点，车轮 App 都会进行数据更新，排名前 100 的用户会得到 100 元的加油券。用户的积分越高，排名就越高；如果用户的积分相同，就会比较用户的签到时间。如果用户获得加油券，他的积分就会清零，他将继续进入新一轮的比拼。

这个模式迅速提升了车轮 App 的用户活跃度。众多用户邀请他们的朋友一起来参加这项活动。凭借这个活动，车轮 App 打开了社群运营的渠道，品牌得到全方位曝光，同时加油券等其他增值服务进入消费者体系，营销渠道得以全方位拓展。

在车轮 App 的更新版本中，营销者不断深化社群文化，并逐渐优化积分模式：连续签到，第一天 5 分，第二天 10 分，积分越来越高，最终用户可以获得 100 元的加油券。同时，如果用户把信息分享到朋友圈、微博等平台，可再获得 30 分，这样一来，用户的积极性更高，每名用户都成为车轮 App 的分发营销渠道。这种简单积分类活动结合奖励机制与适当的奖品，增加了车轮 App 与用户之间的亲密度。尤其是对于中小型城市的车主来说，100 元加油券是非常具有诱惑力的奖品。凭借这个活动，车轮 App 的会员人数呈激增之势。越来越多的用户加入，意味着车轮 App 即将进入全新的社群运营模式。在新一轮的车轮 App 功能更新中，它进一步强化了社区理念，新注册用户进入社区后会填写资料，车轮 App 就拿到了用户的车型和所属地域两个重要数据。借此数据，车轮 App 后台会为用户自动匹配本地生活版块与品牌版块。这样一来，用户使用车轮 App 既可以查询车辆违章信息，又能进行社群互动交流。经过不断的发展，车轮 App 已经不再是单纯的日常备用工具，而是一款与车有关的信息交流平台、交友平台。

随着问答类网站的兴起，例如，知乎平台，车轮 App 凭借其已经聚集的大量用户，也开通了问答渠道。一些用户可以在线提问，经验丰富的用户对这些问题进行解答，同时车轮 App 建立了推送机制，用户的问题可以得到快速回应，而回答问题的用户可以得到一系列的荣誉奖励。车轮 App 借此也培养了一批忠实的用户，并使经常回答问题的用户逐渐成为社群内的“明星”。

伴随着问答渠道的建立、同城活动的举办，凭借之前同城生活版块的人气聚集，同城会有了大批用户。为此，车轮 App 还针对每个城市制作了专属车标、发放会员管理编号，让用户有一种被高度重视的体验。在这个过程中，一系列汽车产品在场景化的营销中被推广，品牌得到二次曝光。车轮 App 凭借这种社群运营模式，已经成为一个交通、汽车领域的大平台，营销活动非常丰富，获得了用户的良好口碑。对于其他工具类产品来说，车轮 App 的社群运营实践具有非常高的借鉴价值。

5.3 整合营销

5.3.1 网络整合营销概述

1. 研究背景与目的

在信息膨胀、大众注意力分散的互联网时代，整合营销正在朝网络整合营销传播的方向发展。传统企业如何根据新的市场环境和营销环境，整合各种营销传播资源、开展网络整合营销传播，对于企业品牌的传播有着重要的意义。

如今，网络整合营销的目的就是在深入研究互联网各种媒体资源（例如，门户网站、行业网站、搜索引擎、分类信息平台、论坛社区、视频网站、虚拟社区等）的基础上，精确分析各种网络媒体资源的定位、用户行为、投入成本，根据企业的实际情况（例如，企业规模、发展战略、广告预算等）为企业提供性价比较高的一种或者多种个性化网络营销解决方案。

网络的发展不仅使整合营销的可行性更高，而且能够充分发挥整合营销的特点和优势，使消费者在整合营销的过程中的地位得到提高。网络整合营销首先需要把消费者整合到整个营销过程中来，从他们的具体需求出发开始营销。

2. 定义

网络整合营销（Network Integrated Marketing，NIM）是在一段时间之内，营销机构以消费者为核心重组企业和市场的行为。

综合协调使用以互联网渠道为主的各种传播方式，以统一的目标和形象传播连续、一致的企业信息或产品信息，实现与消费者的双向沟通，迅速树立企业的品牌形象，建立产品与消费者的长期密切关系，达到品牌传播和产品销售的目的。

网络整合营销是一种对各种网络营销工具和手段的系统化融合，根据环境进行即时性的动态修正，从而使双方在融合中实现价值增值的营销理念与方法。网络整合营销就是为了建立、维护、传播品牌，以及加强消费者关系，对品牌进行计划、实施和监督的一系列营销工作。网络整合营销将各个独立的营销综合为一个整体，从而产生协同效应，这些独立的营销工作包括广告、直接营销、销售促进、人员推销、包装、赞助、消费者服务等。

3. 含义

网络整合营销主要有以下 3 个方面的含义。

第一，传播资讯的统一性。企业用一个“声音”说话，消费者无论从哪种媒体获得的信息都是一致的。

第二，互动性。公司与消费者之间采用高效的交流方式，使消费者能够迅速、准确、定制化地获得即时反馈信息。

第三，目标营销。企业的一切营销活动都应该围绕企业的目标进行，实现全程营销。

4. 原因

（1）消费者获取的信息太多，信息碎片化，传统的营销方式已经不能满足消费者的需求。

（2）企业需要通过与消费者互动，了解消费者的需求，社交化趋势明显。

（3）市场细分使目标分散，传统手段很难接触到所有的目标人群。

（4）消费者的个性化需求不断增长。

5.3.2　网络整合营销的传播特性

1. 差异性

首先，网络整合营销要对消费者进行分类，根据消费者的行为及其对产品的需求来对消费者进行差异化细分；其次，根据消费者的购买需求找出一个具有竞争力的利益点；然后，确认消费者对品牌的定位；最后，建立突出的、整体的品牌特性，以便消费者能够在众多的同类品牌中迅速找到亮点。网络整合营销与其他网络营销方式的差异在于，网络整合营销中的消费者能真正参与整个营销过程，他们的主动性、选择性都在加强。企业要针对消费者制订、优化和执行具有说服力的营销计划，同时不断地与消费者进行交互。

2. 重合性

重合性就是套用网络整合营销传播的概念，在不同的媒介中以统一的形象或者在同一种媒介上以不同的形式（例如，定位、卖点等）出现。例如，某个消费者将一个产品的广告看两次：第一种情况是在同一种媒介上看到两次；第二种情况是在两种媒介上分别看到一次。这两种情况相比，第二种情况让消费者的记忆更深。

企业在开展网络整合营销时，除了进行重复性宣传外，还应当考虑利用多种形式和多种媒介的整合营销来提高广告宣传的效果。

3. 合作性

广告效果的关键就是广告的可信度。一般情况下，网络的公信力较低，尤其是商家在网络上投放广告的公信力更低，通过网络编辑选用恰当的文章可以弥补网络公信力较低的缺陷。为了使用户在网络上获取权威信息，企业的从业人员通常需要为网络营销提供更多的支持。

网络营销的合作性建议营销者使用类似于平面媒体操作时所用到的软文宣传，相对于平面媒体的版面稀缺性，网络平台几乎没有版面的限制，因此网络营销的操作空间更大。

5.3.3 网络整合营销的传播优势

网络整合营销的优势在于能以最小的投入获得最大的回报。当然这些都要建立在对营销策略的准确把握上，立足于对消费者营销需求与受众关注热点的分析研究，对消费者信息进行整合式推广，使网络整合营销的优势得到最大程度的发挥。

1. 空间和时间的广泛性

网络营销是不分地点的 24 小时营销模式，这就让消费者有更多的时间、空间去关注相关信息。

2. 营销形式丰富

在网络营销中，企业产品可以通过图片、文字、视频等多种媒体形式多角度、多形式地进行宣传推广。销售人员可以发挥想象并充分利用图文等形式进行宣传推广，使消费者在短时间内全面了解相关的产品信息。

3. 即时有效的互动性

消费者可以在网络中实时交流，咨询有关内容，并可根据自身的喜好选择是否接受；而传统的营销模式有较大的强制性，容易使消费者产生抵触心理。

4. 高效率

网络的巨大容纳力使营销者可以在网络中最大化地完善产品的信息与内容。一方面，消费者浏览到的信息也将更加全面，可以获得更权威的信息资源；另一方面，营销者也不必费时费力地不断更新或替换相关信息。

5. 成本低廉

成本低廉是网络营销的另一大优势，低廉的营销成本使产品的成本相对减少，进而为商家赢得更多的利润。

5.3.4 网络整合营销的常用方式

1. 搜索引擎营销

搜索引擎营销是指利用搜索引擎、分类目录等具有在线检索信息功能的网络工具进行网站推广，例如，百度搜索、搜狗搜索等。这些搜索引擎基于信息搜集规则制订了严格的规则，消费者可以根据自己的消费需求搜索相关关键词，计算机给出相关答案。

不过，当下手机搜索成为主流，百度、今日头条等平台都开发了基于手机的搜索 App，使消费者更容易接触信息，这些平台的信息也可以被及时地推送给消费者。

搜索引擎推广的方法又可以分为多种不同的形式，常见的有登录免费分类目录、登录付费分类目录、搜索引擎优化、关键词广告、关键词竞价排名、网页内容定位广告等。

2. 视频图片营销

视频图片营销是指通过数码技术将产品营销现场的实时视频图像信号和企业形象视频信号传输到互联网。网络视频广告类似于电视视频短片，平台就是互联网。这种创新营销形式结合了视频与互联网的优点。

3. 微博营销

微博营销是指通过微博为商家、个人等创造价值的一种营销方式，也是指商家或个人通过微博发现并满足用户各类需求的商业行为。企业通过更新自己的微博向网络用户传播企业信息、产品信息，树立良好的企业形象和产品形象，与大家即时进行交流互动。

该营销方式注重价值的传递、内容的互动、系统的布局、准确的定位。微博的高速发展也使其营销效果尤为显著。微博营销涉及的范围包括认证、有效关注者、话题分类、知名博主、开放平台、整体运营等。自2012年12月以来，新浪微博推出企业服务商平台，为企业在微博上进行营销提供一定的专业认证服务。

4. 贴吧营销

贴吧营销是指以贴吧平台为载体的一种营销方式，是一种基于关键词的网上主题交流社区。它与搜索引擎紧密结合，准确把握用户需求，具有针对性强、黏性高、互动功能强等特点。用户通过输入关键词自动形成讨论区，使其他用户可以立即参与交流，发布自己感兴趣的信息和想法。这意味着，如果用户对某个主题感兴趣，他就可以立刻在贴吧上建立相应的讨论区。

5. 网络口碑营销

口碑营销实际上早已有之，地方特产、老字号商铺、企业的品牌战略等都包含口碑营销的因素，网络营销则是在互联网兴起之后才有的一种网上商务活动，它逐步由门户广告营销、搜索广告营销发展为网络口碑营销。

由口碑营销与网络营销有机结合起来的网络口碑营销旨在应用互联网的信息传播技术与平台，通过消费者以文字等表达方式为载体，包括企业与消费者之间的互动信息，为企业营销开辟了新的通道，进而获取新的收益。

6. 事件营销

事件营销（Event Marketing，EM）是企业通过策划、组织和利用具有新闻价值、社会影响以及名人效应的人物或事件，引起媒体、社会团体和消费者的兴趣与关注，以求提高企业或产品的知名度、美誉度，树立良好的品牌形象，并最终促成产品或服务销售的一种手段和方式。互联网的飞速发展给事件营销带来了巨大的契机。通过网络，一个事件或者一个话题可以更轻松地进行传播和得到关注。

7. 社区论坛营销

互联网将社区作为基层活动场所。市场调查显示：77% 的在线购物者会参考其他用户的产品评价，而这些人往往对网站拥有较高的忠诚度；超过 90% 的大公司相信，用户的推荐及评价是影响用户是否购买产品的重要因素。

互联网上的社区很多，仅阿里巴巴就有数十个社区。这些社区是在某些方面具有同质性的消费者的集合，他们彼此间共通的特性使信息在社区中的传播非常有效。因此这些社区是消费者对品牌发表看法的信息集散地，完全可以演变为企业的品牌营销平台。

8. 电子邮件营销

电子邮件营销就是一种将电子邮件作为主要的网站推广渠道的营销方式。电子邮件营销常用的方法包括电子刊物、会员通信、专业服务商的电子邮件广告等。基于用户许可的电子邮件营销与滥发邮件不同，许可营销相比传统的推广方式或未经许可的电子邮件营销具有明显的优势。例如，许可营销可以减少广告对用户的滋扰、提高潜在用户定位的准确性、增强用户的黏性、提高用户对品牌的忠诚度等。

9. 新媒体营销

当今互联网中有很多新媒体平台，例如，今日头条、百度百家、一点资讯等都是常见的新媒体营销平台，这些平台的信息传播较快，受众较广。

10. 音视频媒体平台营销

近几年比较热门的抖音、快手、喜马拉雅等音视频媒体都是比较好的营销平台。最近兴起的视频直播也是网络营销非常好的渠道。

5.3.5 整合营销传播原则

网络整合营销传播有著名的“4I 原则”，即趣味（Interesting）原则、利益

(Interests)原则、互动(Interaction)原则、个性(Individuality)原则。

1. 趣味原则

在整合营销的传播过程中，如果一味地选择固定不变的传播方式，就会使整个传播过程枯燥、乏味，不能吸引消费者的注意力。如果把营销因素融合到一些具有趣味性的娱乐活动中，就会大大提高消费者的关注度，从而促使消费者更好地接触到产品，达到营销的目的。

2. 利益原则

网络中的信息与服务浩如烟海，如果网络中的营销产品不能满足目标受众的需求，那么营销活动必然会寸步难行。直接推销类的广告很容易被消费者拒之门外，但如果换一种方式，做一款为消费者提供资讯的广告，面对免费的福利，消费者的接受度自然会增加。换句话说，只有让消费者感到营销活动能够满足他们的需求，他们才能从心底里接受这款产品。

3. 互动原则

网络媒体区别于传统媒体的一个重要特征是其具有互动性。消费者不再单纯地接收信息，而是作为参与者与品牌平等地互动交流。这种方式可以为产品营销带来独特的竞争优势。未来的品牌将是半成品，它的另一半则由消费者的体验、参与来确定。当然，营销人员找到能够引领和主导二者之间互动的方法很重要。

4. 个性原则

个性化营销让消费者产生“焦点关注”的满足感，再加上这种营销方式会投其所好，则更容易引发消费者的互动与购买行为。在传统营销环境中，个性化营销的成本非常高，很难推广。但在网络媒体中，流媒体的特征让这一切变得简单、方便，细分出一类人甚至是一个人，使“一对一”销售成为可能。由于消费者存在多样性，所以有针对性地对消费者进行个性化营销更容易赢得消费者的信赖，从而使消费者更容易接受产品。

阅读静思

1. 搜索引擎的目标表现在哪几个方面？
2. 娱乐营销的形式有哪些？
3. 你怎样看待娱乐营销方式？
4. 整合营销的特性有哪些？
5. 为什么说娱乐营销和网络营销的结合是必然趋势？

第6章

网络营销的实施问题

要点导读

1.了解网络团队营销的组织模式和组建方式

2.理解试错的基本概念以及相关问题

3.熟悉网络营销实施、企业如何有效试错，以及掌握体验式营销的前提和基础

案例6-1

K12[1]一个暑假投资40亿元，是任性还是骑虎难下

2019 年，中国的教育市场可谓“硝烟弥漫”，在线教育行业的营销竞争尤为火爆。在大规模、高成本的营销竞争下，教育行业的营利模式、教育模式依旧疲软，一个个看似实力雄厚的企业却不能打造出引领行业的团队。

消费者对 2019 年线上教育市场的看法有：广告太多，无从选择；宣传铺天盖地，真假难辨。广播频道有立思辰的品牌宣传，电视里各种辅导课程穿插在各大节目中，抖音、快手等平台随处可见学而思、企鹅辅导精品课的短视频，整个营销市场可谓被教育类广告全面覆盖。

不得不说 2018 年是线上教育飞速发展的一年，在这一年里诞生了无数个线上教育品牌，正是因为教育行业的高速发展才导致了激烈的竞争。对于教育行业而言，暑假就是一年当中的黄金时期，尤其是对于 K12 课外辅导市场而言，暑假的发展甚至决定着企业一年的发展与业绩。因此在 2019 年暑假期间，很多线上教育企业的员工甚至比在线学习的学生更加忙碌，线上教育挟资本之力形成的高成本营销竞争规模令人吃惊。

自从 2019 年 5 月猿辅导品牌推出“49 元暑期系统班”活动后，各大线上教育企业开始被迫迎战。2019 年 6 月初，作业帮品牌随即推出自己的“初中暑期班 50 元特惠课”，而掌门教育品牌也推出“首月免费和 200 元试听课”活动。

到了 2019 年 6 月下旬，学而思发现市场被大幅抢占，也推出了“49 元暑期试听课”，中国线上教育行业的竞争一时间进入白热化阶段，各大一线城市中人流量最

1 K12 是 Kindergarten through twelfth grade 的简写，是指从幼儿园（Kindergarten，通常 5~6 岁）到十二年级（grade twelve，通常 17~18 岁）。

大、最繁华的商业街、地铁站，甚至是旅游景点开始大面积地出现各种线上教育品牌的广告。

根据前瞻产业研究院《2019 中国在线教育行业市场前瞻分析报告》统计，2019 年参与在线教育行业市场竞争的各大企业的广告投放总额高达 40 亿元。其中，学而思以 10 亿元的投资额荣升榜首，猿辅导、作业帮以 4 亿 ~5 亿元紧随其后。

在这场投资大战背后，消费者究竟获得了怎样的消费体验呢？事实上，据消费者普遍反映：虽然这些企业的宣传做得不错，但是真实体验并不怎么好。究其原因，是因为营销竞争耗费了这些企业大量的人力、财力，导致企业内部团队的品质未能有所提升。但回头思考，如果不投入大量资本参与这场竞争，或许一些品牌将被彻底淘汰。

从这次在线教育行业的激烈竞争中可以看出，投入大量资金的企业主要分为以下 3 类。

1.“互联网 + 教育”企业

这类企业的代表有作业帮、猿辅导等。这类企业在营销竞争中使用的全部是投资者的资金。

2. 由线下机构发展到线上教育公司

这类企业的代表有学而思、新东方等。这类企业比较被动，只能使用企业自己的资金。

3. 由互联网巨头孵化的线上子公司

这类企业的代表有网易等，这类企业使用的是母公司的资金。

回顾这次竞争，大多数企业自身并没有获得多少利润，甚至亏损比较严重，那为何还要如此“慷慨”呢？这就关系到现代互联网市场的发展逻辑了。在互联网营销中，必须先吸引用户、抢占流量，然后再与竞争对手抢占市场，最后才能在市场中获得一定的利润与发展空间。

以本次市场竞争中的 VIPKID（一家在线青少儿英语教育品牌）为例，它为了生存发展，于2019年10月获得了腾讯1.5亿美元的融资。而在此之前，VIPKID就已经获得由红杉资本领投的2亿美元D轮融资，以及2018年获得的5亿美元的D轮和“D轮+”融资。虽然这家企业一直处于亏损状态，却一直在融资扩张，它真的可以获得最终的胜利吗？答案当然是不确定的！因为前面我们已经提到，巨额的营销成本导致团队自身缺乏整体实力的提升，同时线下教育机构又及时拿起教学质量这个“武器”，对线上教育平台进行新一轮的冲击。目前，大多数的在线教育企业纷纷呈现大幅下滑的趋势，40亿元广告投放过后，在线教育市场的未来会如何？让我们一起拭目以待。

6.1 团队

6.1.1 团队的定义

团队是由为达成同一个目标而共同合作、互补技能、相互承担责任的成员组成的介于组织与团体之间的一种组织形式。一个好的团队可以把企业中不同职能、不同层次的人集合起来，找出解决问题的最佳方法，形成强大的战斗力。

麦肯锡公司专家乔恩·卡岑巴赫（Jon R. Katzenbach）认为，团队就是一群拥有互补技能的人为一个共同的目标而努力达成目的，并固守彼此间的责任。

企业家安德鲁·卡内基（Andrew Carnegie）认为，即便把我的厂房设备、材料全部烧毁，但只要保住我的全班人马，几年以后，我仍然会是一个钢铁大王。

案例6-2

合伙人从哪里来

人际关系对创业者的事业往往会产生很大影响。同乡、校友、同事、战友等都是形成人际关系的重要因素。在这些人际关系里，校友关系比较特别。有人说，世界上能够找到最好的朋友的地方就是学校和战场。

目前，在国内的商务社交中，合作最紧密的正是校友关系。从那些成功的创业公司中不难发现，这些公司的创业合伙人往往是校友，甚至从大学时代开始便是亲密的搭档。例如，中国著名的校友合伙人——腾讯的“五虎将”、新东方的“三驾马车”、携程的“四君子”、复旦的“五虎”等。

（1）腾讯的“五虎将”：其中的 4 位从中学到大学都是同学。

（2）新东方的“三驾马车”：电影《中国合伙人》的现实版。

（3）携程的“四君子”：上海交通大学是他们的连接纽带。

（4）复旦的“五虎”：白手起家创立百亿企业——复星。

（5）北大创业帮：“酒帮”3G 门户网——久邦（酒帮）数码。

（6）交大“饿了么”：一起“饿”出来的创业团队。

6.1.2 团队的组织类型

1. 项目引领型

项目引领型团队是以项目组建的临时性团队。其组成时间根据项目开发的时间而定，项目开发完成后团队随之解散。在这样的团队中，项目经理是负责人，通过临时从各部门中抽调市场调研、文案策划、产品设计、数据分析、信息技术支撑和营销推广的人员组成一个项目营销团队，明确项目活动的任务指标，在规定时间内完成既定任务目标。完成项目开发后，递交项目完成情况报告书，经过考核评定指标，根据指标完成情况给予不同等级的项目开发奖励。项目完成后团队解散，人员回到之前的岗位继续工作。项目引领型团队比较适合综合性、临时性的项目营销工作，能够在企业内实现营销人才的自由重组，节约人力资源。

2. 多团队策略型

多团队策略型是指根据各重点专业成立固定的营销团队，组合时间比较长，人员相对固定，例如，活动营销团队、日常营销团队、增值营销团队等。每个营销团队内有市场调研、文案策划、产品设计、数据分析、信息技术支撑和营销推广的分工。如果一个项目方案只涉及一个专业的营销，那么只需要将项目划分给相关专业的营销团队开展即可。

6.1.3 团队的流程

1. 领导的全面支持

网络营销作为一个系统的工程，其主要项目负责人的参与必不可少。只有领导人有主动变革的决心和意愿，流程管理的成功才有保障。流程管理需要有组织的调整作为支撑，而组织的调整会涉及很多人的利益，领导人的决心和意愿是推动流程重组的原动力。

2. 持之以恒的培训

培训包括管理思想和管理团队两个方面。项目负责人的管理思想要逐层传递给组内人员，即真正的管理执行者，使团队成员统一思想、保持一致行动。

3. 广泛参与

所有与项目实施有关的相关部门负责人都应该参与到项目中，充分的沟通和培训是确保全员参与的有效方法，也能确保项目可以及时获得所需的资源。

4. 在具体实施时，考虑使用“试点—改进—推广”方法

流程管理不可能一步到位，要通过多次循环不断地发现问题，在做出改进的同时选择试点部门，做出积极调整。

5. 注意基础数据的准备

对基础数据的重要性和困难估计不足往往会在很大程度上影响流程管理的实施，因此要及时进行基础数据方面的准备。

6.1.4 团队的原则

1. 确定网络营销团队的组建方式

一般情况下，大企业的实力比较雄厚，会建立自己的网络营销团队，找到合适的

高级网络营销人才；中小企业既可以自己运营网络营销团队，也可以找第三方机构代运营。其中，代运营可以选择完全外包的方式，也可以请第三方机构作为公司的营销顾问，帮助自己建立网络营销团队。具体选择哪种方式，企业应该根据自身的情况来定，例如，企业的规模、前期预算等。如果选择与第三方机构合作，则需要通过考量第三方机构的专业程度、从业经验、合作方式之后再得出一个比较客观的结论。

2. 网络营销团队的构成

（1）网站编辑

网站编辑主要负责网站本身的基本运营及日常维护。例如，撰写文章、编辑信息、上传内容、更新页面、清理帖子等。

（2）网站推广专员

网站推广专员负责在网络上通过各种形式宣传企业和品牌。例如，由网站推广专员来发微博、写博客、编辑词条、网络问答、在论坛中发帖子等。总之，那些能够为网站带来流量并提高网站覆盖率的营销方式都可以采用。

网站推广专员还肩负着另外的职责，即进行搜索引擎营销，联系搜索引擎公司，在搜索引擎首页做广告。

（3）在线咨询人员

一些网站中经常会弹出在线咨询的对话框。咨询方式可以是 QQ，也可以是电话。设置在线咨询就是为了在线咨询人员可以随时回答目标消费者的询问。这种方式的优势是不需要消费者另行拨打电话，在线咨询人员即可为消费者即时答疑解惑。

以上是网络营销团队的 3 种基本构成人员。如果企业的规模不大，不需要那么多的员工，则可以将相关职能合并；如果企业具有一定的规模，还可以根据实际情况扩展人员，另外配备网站设计人员、网络营销项目主管等。

3. 快速提升团队的网络营销能力

在网络营销团队中，每位成员都要具备营销能力。网络营销团队首先要了解网络，具备基本的网络知识。例如，对大众的搜索引擎比较了解，熟悉几大门户网站、论坛、社区的特征，了解博客营销、微博营销、视频营销等营销方式的基本操作。这是做好网络营销的基础条件。更重要的一点是，企业要懂得如何利用网络平台去做营销、推广企业与品牌、提高网站的访问量，从而吸引更多的消费者。

换句话说，网络营销团队应该具备一定的市场意识。在做网络营销时，企业不仅要考虑到企业自身的利益，还要考虑到用户（即最终的消费者），甚至是普通网络用户的利益。

（1）充分研究目标对象

网络营销的直接目的是吸引网络用户、增加网站流量，并把网络用户转变为消费者，甚至是忠实消费者。因此这些人的搜索习惯就成为主要的研究内容，这些人就是我们充分研究的目标对象。很多人了解产品、了解企业官网都是通过搜索引擎。如果熟知这个品牌，他们会直接输入公司或者品牌的名字；如果并不熟悉这个品牌，他们会输入类似“哪个牌子的洗面奶不太伤皮肤”“哪个网络营销机构比较可靠”“北京有哪些网络营销机构”等问题式词组来进行搜索。如果企业能够了解这些人的搜索习惯并据此设定关键词，就能在一定程度上提高网站的访问量。企业在确定了长尾关键词或者核心关键词之后，就要对网站、博客、论坛帖子的内容进行调整，巧妙地植入这些关键词。这样既能够保证文章的可读性，也能够在一定程度上确保营销效果。

（2）熟悉自己的产品

网络营销的最终目的是销售产品。为了吸引更多、更精准的消费者，企业首先要熟悉自己的产品，提炼出产品的卖点，并使用一些有针对性的词句吸引消费者。提炼卖点的工作可以交由网站编辑和市场推广人员来做。

（3）优化网站

网络营销的广告意识首先体现在网站的优化上。网站具有优质的内容是网站优化的前提。而优质内容的标准之一是内容丰富、新内容较多。内容丰富意味着内容中既有产品介绍，又有知识拓展，还有其他新闻、友情链接等。

新内容的“新”不是企业天天敲键盘发布原创内容，也不是一些行业、产业的新知识或国内外发生的新事件，而是只要能够给消费者带来新鲜感的相关内容都可以投放到企业网站上。一般情况下，内容独特、风格统一的网站会更受消费者欢迎。

（4）尽力全面推广

营销团队的推广方式有很多，可以到各大知名论坛、社区、门户网站上做宣传，可以进行微博维护、搜索引擎优化，可以在网络中做广告，可以定期给潜在客户发送电子邮件，可以在各大网站发布友情链接等。

4. 策划有吸引力的网络营销活动

一个成功的网络营销活动策划方案加上强有力的执行，通常能在短期内迅速树立品牌形象，吸引众多目标消费者的广泛关注。每逢节假日，不管是线下实体店还是线上网络商城，都会搞一些促销活动。例如，降价销售、打包销售、购满返券、加价换赠、多件打折等。

5. 团队营销模式的三大优势

优势一：营销团队的业绩不仅是营销主管关注的事情，而且是团队中每个个体都应该关注的事情，使团队成员的个体利益与整体利益高度统一。

优势二：群策群力，可以调动企业团队的所有资源和一切积极因素，从而更好地实现企业的整体目标。

优势三：在营销团队中，每个营销个体在向同一个目标前进时，其自身的能力建设、学习水平可以与团队的整体业绩一起提升。

6.1.5 团队的核心

一个营销团队必须有一个核心管理层来指导运行，而团队管理层必须具备计划能力、分析能力、执行能力、控制能力，并可通过构筑团队的支撑体系来达到目标业绩。

1. 建立激励措施和按劳分配机制

企业可以根据营销团队使用企业资源的具体情况，按照一定的比例分解指标，把个人完成任务情况与所有团队的整体营销效果进行捆绑考核，根据员工的能力、努力程度给予不同的奖励，使团队内的所有成员共同分享劳动成果。这有助于增强团队的向心力和员工的主动性，能使员工感受到自己在团队中的重要性，增强其自信心。

2. 建立竞争和淘汰机制

根据项目发展的岗位设置界定清晰的职能范围。实行业绩通报制度，定期通报团队内每位员工的工作进度，激发所有员工的工作积极性。值得注意的是，团队是依靠凝聚力和协作来完成目标的，如果团队中员工的个人主义过于强烈，那么即使个人的能力再强，也未必能为团队的共同目标做出多大的贡献。

企业在开展团队营销时应遵循以下原则。

(1)协调分配资源原则

团队的人、财、物等发展资源是有限的，只有进行资源的优化配置，才能达到最大限度地利用资源和赢得市场的目的。

(2)共同协作，相互受益的原则

团队内的各部门只有加强沟通、相互配合，才有助于彼此的共同发展；反之，相互推诿或者封闭消息将带来重复性劳动，加大沟通成本，从而导致团队的整体工作效率低下。

团队营销强调整体的利益和目标，强调组织的凝聚力，管理者为员工创造积极、高效的工作环境，团队中的每个人围绕共同的目标齐心协力、同舟共济，发挥各自的最大潜力。只有所有部门或员工协调一致，与消费者建立良好的关系，团队营销才会变得卓有成效。

6.1.6 团队的运营

1. 合理的人才选择标准

无论是内部选聘还是外部招聘，企业在选人时应该注重人才的可塑性，而不是过多地关注其是否有相关的工作经验。

2. 打造队伍积极的从业心态

营销人员的态度是营销工作的基础和根本。在日常工作中，营销人员每天都要与不同类型的消费者打交道，每天都可能面临多次被拒绝的情况，如果营销人员的心态不好，是无法做好营销工作的。企业需要给予员工及时的引导和帮助，让他们认识到，只有具有良好的从业心态才能经得起市场的挑战和磨砺，并采取各种措施加强企业的文化宣传，营造良好的氛围使员工形成共同的价值观和事业追求，使其保持良好的精神状态和斗志。

3. 开展体验式拓展培训

体验式拓展培训是通过设计独特的富有思想、挑战性和趣味性的户外活动，培养员工积极进取的人生态度和团队合作精神，是一种现代组织全新的学习方法和培训方式。员工应该明白一个道理，培训是企业给予员工的一次很好的成长机会，也是员工提升自我能力的一次机会。

6.1.7 团队的管理

1. 自组织可以用到企业管理中

互联网公司的组织趋于扁平化，把时间差归零、距离归零，使用户反客为主、员工反客为主，互联网公司更加注重员工思想的开放。

目前，市场中最常见的一种企业组织形式是像小米公司、360 公司那样，在企业内部将企业的部门拆分成若干个小的创业体，部门负责人摇身一变成为总经理。例如，企划部有一个广告，负责承接公司的广告事务，整个部门没有传统的关键绩效指标（Key Performance Indicator，KPI）考核，而是采取合作的形式。该部门的员工除了有基本工资之外，还有奖金。奖金源于该部门创造的额外价值，这样一来，这个部门的工作状态就被激活了。用自组织的方式管理企业，发挥每个人的最大潜力，进而把这种潜力凝聚为驱动力。这种方式看似让企业主动释放了一些权力，其实却强化了企业整体的实力，提高了各方的执行力。

这就是典型的对自组织的价值观、利益、协同机制进行合理规划，运用到企业人员管理中的一种方式。

2. 心理学运用到企业管理中

在深入研究一些大型企业后，我们会发现一个现象：若企业的员工离职率较高，其离职原因大部分不是因为工资低，而是因为员工没有存在感；在职的员工出现消极怠工的情况大部分原因也是因为缺乏存在感。作为领导，要想管理好员工、理解员工、了解员工，首先要从员工的存在感入手。从心理学角度出发，人的存在感最重要的是认同感和参与感。

6.1.8 团队的矛盾

1. 容纳个体差异，并使其与集体目标一致

团队需要有包容个体差异并使其与集体目标一致的能力。团队为了从多样性中获益，必须营造具有不同声音、观点的环境。在容纳的过程中，不可避免地会发生冲突，甚至产生团队成员之间的竞争。而团队要容纳个体的不同，激励他们追求团队的共同目标。

2. 鼓励团队成员之间的支持与对抗

如果团队成员的多样性得到认可，不同的观点被鼓励，团队会形成一种成员之间相互激励和支持的文化。在这种环境中，团队成员之间会有一种内聚力。他们对其他人的想法真正产生兴趣，想听到并分析他们谈论的内容，他们愿意接受相关人员的领导和影响。但是如果团队中的成员过于相互支持，就会停止对抗。在内聚力非常强大的团队中，当遇到与自己持不同意见的成员时，保持和谐、友好关系的习惯会发展为一种状态，成员将会抑制其个人的想法和感受。团队决策时将不会出现不同的意见，因为没有一个人想制造冲突。如果持续出现这种情况，团队成员很有可能产生压抑的挫折感，而不再真正为团队出力。因此有效的团队应该鼓励团队成员之间的支持与对抗。

3. 注意业绩、学习和发展

团队中的一个矛盾是管理者需要同时兼顾企业当前的业绩和未来的发展。企业在发展过程中犯的错误应该被认为是企业发展壮大的投入成本，这种方式将鼓励团队勇于发展与革新。

4. 在管理者和团队成员之间权威的平衡

团队中还有一个矛盾就是在管理者和团队成员之间取得权威的微妙平衡。管理者不能推脱团队业绩最终是否达标的责任，授权团队成员并不意味着放弃控制。有效的团队是灵活的，他们可以在管理者权威和最合适的团队解决方案之间取得平衡。实际上，在一个功能完善的团队中，成员之间高度互信，管理者在做出某些决定时不必过多地讨论，也不必过多地解释。相反，在一个无效的团队中，即使管理者做正确的决定或最简单的建议，团队成员也有可能提出各种各样的疑问。

5. 维护三角关系

团队管理者的作用是管理好三角关系。管理者、个体、团队三者处于等边三角形的 3 个顶点上。管理者必须关心三者之间的关系：他们和每个团队成员个体的关系；他们和作为整体团队的关系；每个团队成员和团队整体的关系。任何一方关系都受其他两方关系的影响。当管理者不能很好地管理这三者之间的关系时，团队成员之间的不信任和不良影响将呈螺旋式的态势向下蔓延。

6.1.9 团队的精神

1. 团队的成长

团队的精神在很大程度上是为了适应竞争的需要而出现并不断强化的。这里提及的竞争不仅是与外部的竞争，而且是团队内部的竞争。只有在团队内部引入竞争机制，实行赏勤罚懒、赏优罚劣，打破原来陈腐的利益格局，团队成员的主动性、创造性才会得到充分的发挥，团队才能长期保持活力。

在团队内部引入竞争机制有利于团队结构的进一步优化。团队在组建之初对其成员的特长未必完全了解，分配任务时也不可能做到人尽其用。引入竞争机制一方面可以在团队内部形成“学、赶、超”的积极氛围，推动每个成员不断提高自己的能力；另一方面，通过竞争可以发现哪些人更适合某项工作，实行优胜劣汰机制，从而实现团队结构的最优配置，激发团队的最大潜能。

2. 团队的纪律

不少企业在团队的建设过程中过于追求团队的亲和力和人情味，认为团队内部皆兄弟，而错误地认为严明的团队纪律是有碍团结的。这种认识将直接导致管理制度的不完善；或者虽有制度，但执行不力、形同虚设。纪律是胜利的保证，只有做到令行禁止，团队才会战无不胜。例如，南宋初年的岳家军之所以能成为一支抗金主力，与其一直执行严明的军纪密不可分，以至于在金军中流传着这样一句话："撼山易，撼岳家军难。"

严明的纪律不仅是维护团队整体利益的需要，在保护团队成员的根本利益方面也有着积极的意义。例如，某个成员没能按期保质地完成某项工作，或者某个成员违反了某项规定，但并没有受到相应的处罚。对问题的纵容会使这类成员产生"其实也没什么大不了"的错觉，久而久之，这种心态将后患无穷。如果这类成员从一开始就受到严明纪律的约束，使其及时纠正错误，那么对于个人、团队都是有益的。

3. 牺牲"小我"，才能换取"大我"

培育团队精神不是要求团队的每个成员都牺牲"小我"，换取"大我"，放弃个性，追求趋同。如果团队中的每个人都没有个性，也就意味着团队没有创造能力，这样的团队是不会具备持续的创新能力的。

团队的综合竞争力源于企业管理者对团队成员专长的合理配置。只有营造一种适宜的氛围，不断地鼓励和刺激团队成员充分展现自我，最大限度地发挥每个成员的潜能，团队才会持续迸发出巨大的能量。

案例6-3

蔚来汽车的创业团队

近年来涌现出的诸多新造车实例中，蔚来汽车受到的关注较多，一个重要的原因在于，蔚来汽车的创始人李斌、李想曾是国内两家汽车类垂直网站的翘楚，而他们在退出网站经营之后，曾高调宣布要进入汽车制造领域。二人经过一段时间的沉寂，当别人都以为他们对汽车制造只是“说说而已”时，媒体陆续曝光的新闻才让人们明白，蔚来汽车是在“玩真的”。

首先，在融资方面，蔚来汽车在各家新造车公司中名列前茅。根据公开信息，蔚来汽车曾获得顺为、京东、高瓴资本、腾讯基金和易车共 5 亿美元的注册资金；2015 年 9 月，蔚来汽车得到红杉中国、愉悦资本共 5 亿美元的融资；2016 年 6 月底，蔚来汽车完成由淡马锡领投的新一轮达数亿美元的融资。

其次，在团队成员搭建方面，蔚来汽车在官网上列出了几位主要高管的履历，这些履历上一连串的公司名称就会让人眼花缭乱：联合总裁曾是玛莎拉蒂全球 CEO、福特欧洲总裁、马自达全球董事总经理；首席发展官、北美公司 CEO 曾担任过思科全球首席技术与发展官、摩托罗拉首席技术官等。

最后，在具体的业务方面，目前可以得知的是，万宝龙前中国区董事长加盟蔚来汽车，由他来掌管公司的用户体验；原江铃执行副总裁和来自宝马的一位全球高管将具体负责制造环节；特斯拉前首席信息官自 2016 年 4 月加入蔚来汽车，他曾是特斯拉构建企业资源计划（Enterpise Resource Planning，ERP）系统的核心人物。另外，前广汽集团副总、原上汽集团新能源事业部副总、原观致汽车采购和人力资源及政府事务执行总监，以及原观致汽车车辆执行总监等行业专家均加入了蔚来汽车。

蔚来汽车管理层中的每个人都曾是其各自行业里的资深人士，当这些人集聚一堂时，大家对蔚来汽车的未来充满期待。

在搭建起如此豪华的创业团队之后，蔚来汽车再次变得沉寂。伴随着公司框架的初步搭建，李斌最常做的任务就是演讲，对公司的 80 多名员工讲述蔚来汽车的理念及愿景。其中，有一场演讲的主题名为“Will I am”（李斌的英文名是 William），正是李斌对“我的未来”的解答。

2016 年，蔚来汽车在全球范围内的员工数量已经达到 1500 名，分布于整车造型和工程设计、电动车“三电”、工艺技术和管理（制造）、采购、用户体验服务、管理支持等部门。李想表示蔚来汽车最先形成规模的不是造型设计和人机交互团队，而是供应链与制造，以及工程技术和研发人员。

2016 年年底，蔚来汽车率先推出纯电动跑车 EP9，这也是当时国内速度最快的电动汽车。

截至 2019 年年底，蔚来汽车推出了 ES6、ES8、EC6 三种不同车型，这三种车型在市场中的销量都比较好。蔚来汽车已经在近 60 座城市中开设了 62 个 NIO Space（蔚来空间）和 22 个 NIO House（蔚来中心），共 84 家线下门店。其中，以轻体验为主的 NIO Space 都是在 2019 年才开始建设的。相比 NIO House 动辄上千平方米的空间以及巨大的建设成本，NIO Space 占地不到 200 平方米的特性使其成本可以控制在 100 万元以内，而 NIO Space 也正是以其相对较低的建设和运营成本在一年之内获得了快速的扩张。[1]

思考

1. 如今，蔚来汽车凭借ES8已经成为国内新势力汽车的引领者，接下来它会采用哪些网络营销方式?
2. 李斌的演讲对网络营销的团队建设有何启示?

6.2 试错

案例6-4

快速应对试错的广州地铁

为了避免大规模的犯错而去试错是一件风险颇大的事，因为试错本身和犯错只有一线之差，把握不好，试错就极有可能演变为犯错。其中的关键就在于能否对试

1 本案例内容借鉴《蔚来汽车大起底：创始团队阵容豪华，创新理念超前，有望赶超特斯拉》（极客网）和《蔚来汽车的 2019》（新浪网）。

错做出快速、准确的反应。

广州地铁是目前中国运营比较成熟的地铁线路之一。在广州地铁的发展历史中，同样出现过试错的现象。

2010 年，广州地铁曾做出这样一个规划：从 2010 年 11 月 1 日开始，在未来的 30 个工作日之内，公交、地铁系统提供全民免费服务，作为“亚运”惠民的一个“大礼包”。这种尝试在之前的中国地铁运营历史中非常罕见，没有人知道最终的效果会如何。尽管可以通过数据分析得出活动的最终结论，但这种结论始终不是现实，有太多的细节是前期分析无法考虑到的，只有通过大胆尝试才能得出结论。因此广州地铁毅然决定在 2010 年 11 月 1 日，正式开启了这项惠民活动。

这次活动的进展大大出乎广州地铁的预料。免费活动开始一周后，公交、地铁的日客流量高达 1754 万人次，原本的一项惠民政策却给民众的出行带来了极大的不便，乘客“脸贴脸”，地铁运营严重超负荷，各种安全隐患暴露，甚至影响到了正常的安检流程。

意识到问题的严重性后，广州市政府当机立断，从 2010 年 11 月 8 日取消了免费公交这项活动。随后，新的政策出台：根据户籍发放现金交通补贴。这一政策的实施，立刻赢得市民的一致好评，市民既得到了实际的优惠，又能正常出行。

事实上，如果没有这样的试错，没有在犯错误之后立刻进行纠正、改善，那么广州地铁在提升服务方面还需要更多的时间，也不能更加全面地了解地铁的运营情况，所以这种试错以及试错之后的积极纠正是非常值得肯定的。通过前期的试错找到问题，找到解决方法后就会避免当大型活动真正到来时，交通领域出现更大的问题。因此广州地铁这种勇于纠错、当机立断的补救措施得到了大众的肯定。

广州地铁的“车挤站空”的限流措施正是通过这种试错获得的运营经验。广州地铁人流量较大，特别是换乘车站的压力非常大，为了均衡线路客流，让后续乘客能有序乘车，广州地铁开创性地制订了减缓乘客进入站台速度的措施，取得了很好的效果。一个人快并不是真的快，只有线路运营畅通，大众快了才是真的快。如果没有试错，那么这种新的实施方案也很难被发现，现在由此得出的方案已被广泛应用于地铁运营中。

其实，出错并不可怕，怕的是不敢面对错误，刻意逃避错误。交通领域更是如此。通过试错发现问题后快速解决，这样才能提升交通管理的效率，并不断地找到与区域特点相吻合的问题解决思路和方案。

思考

1. 广州地铁是如何试错的?
2. 如果你是一家公司的负责人，在经营公司时，你会采用什么样的试错方法来避免公司出错?

6.2.1 试错是一条曲线成长之路

企业在勾勒曲线的时候，最重要的是不怕犯错，以差异化策略启动，并随时根据最终的战略目标调整营销方案，而每个错误的发生都会让企业离最终的目标更近一步。网络营销不可能一步到位、一蹴而就，而需要不断试错。必须通过有效的营销实践去验证假设，这个验证过程被称为试错。试错是一条曲线成长之路。失败是成功之母，我们要在试错之后不断总结、汲取经验教训。

6.2.2 市场调研不能替代试错

随着现代营销知识的深入普及，特别是像宝洁、可口可乐等重视市场调研的国际化公司，让很多中国企业也逐渐认识到市场调研的重要性。市场调研是由“调”和“研”组成的，即信息收集和信息处理两个部分，获取信息的渠道、方式、技术越来越丰富多样，而信息处理的难度则越来越大，能否正确处理、判断收集来的信息并做出适当的决策已经成为营销走上正轨的关键。

1985 年，在即将迎来可口可乐百年诞辰之际，可口可乐公司宣布换掉其沿用了 99 年秘而不宣的经典配方，改用口味偏甜、更适合年轻人的“新可乐”，全面取代“传统可乐”。在此举之前的三年中，可口可乐就发动了一项代号为“堪萨斯工程”的市场调研活动。1982 年，可口可乐深入 10 个城市展开调研活动，得到的数据及信息确实显示消费者希望品尝新口味的可乐，即消费者更偏爱口味稍甜的可乐。获取的数据及信息不假，但得出如此重大的结论似乎为时过早。从 20 世纪 30 年代开始，可口可乐就不断地遭受来自百事可乐的各种挑战，到 20 世纪 70 年代，百事可乐对可口可乐发起了一系列挑战，并一度威胁到可口可乐市场第一的地位。一系列数据都在显示可口可乐的口味问题，于是从口味入手解决问题似乎是顺理成章的判断，这也是市场调研常常进入的误区：一方面，定量的数据研究很难显性地反映品牌及文化层面的东西；另一方面，太过显著的信息常常遮住了一些关键却难以被察觉的因素，导致决策者判断失误。

事实上，市场调研的作用在于预测并依此做出决策，那么依此做出的决策是否正确，有待市场检验。

可口可乐的调研在哪个环节出了错？调研数据并没有问题，但可口可乐在对这些数据的处理上出现了偏差。调研的结论不是之前获得的数据支撑起来的，数据是推导这个结论的必要条件，而不是充分条件。也就是说，市场调研能起到推动作用而不能论证作用，试错这个方法正好可以弥补这个环节。得出调研结论后，市场调研可以结束，但不意味着可以全面执行。在此之前，试错必不可少，这里的试错可以是微调、补充甚至是全面推翻，因为试错并不是为了去证明其正确性，而是去挑毛病、找问题。发现的问题越多，之后的进展就会越顺利。

可口可乐的实例是试错发生在调研之后，另一种情况则是试错先于调研。

企业的成本一般包括机会成本、时间成本、金钱成本，而企业一向强调机会成本应该放在第一位，错失机会是资金弥补不回来的。肯德基比麦当劳提前 3 年进入中国市场，结果麦当劳用了近 20 年的时间都赶不上肯德基在中国市场的地位。

市场环境纷繁复杂且多变，基于对消费者的洞察和对竞争对手的分析通常都不是二选一，而且常常不允许二选一，这也决定了企业不能将过多的精力放在某一点上。要准确把握市场，首先要了解有哪些因素需要考虑，如果说新品的推出需要基于消费者需求的洞察，那么何时推出则是一场与竞争对手的角逐。当机遇若隐若现时，企业唯一要做的就是比竞争对手的行动更快！如何更快？关键是在市场机会刚出现时，能够及时地把握住这个市场机会，先试错再纠正通常比等调研结果出来后再行动的效果更好。

6.2.3 有“试”才可能有“适”

首先，“试”是基于预先的想法，在营销层面就是要有完整的假设和方案。例如，战略规划、品牌产品定位以及渠道、价格、促销等策略。其次，“试”是非正式地做，当在不确定假设和方案是否可行的情况下，要在成本可控的条件下对方案进行测试。最后，这是一场考试。如果通过考试，前程则一马平川，成功可期；但如果未通过考试，则需要修正或重新制订方案。

那什么是“适”？适者生存。今天的网络营销，大多数企业所面临的市场环境已经告别了初级竞争的阶段，市场竞争是双方或多方对一个共同利益的争夺，是一场轰轰烈烈的零和博弈。

导致企业生命周期较短的原因有很多，有国际性的经济危机，有政策性的金融调控，有市场竞争的加剧，有消费需求的变化，但核心原因是什么？真正导致失败的永远都是企业自身的原因，而其中有两点尤为突出。

一是温水煮青蛙式的企业。这类企业害怕犯错，没有勇气去改变，在营销环境不断变化的过程中不“试”而亡。从 2008 年至今，原本依靠出口生存发展的外向型企业大量消亡就是此类企业的代表。在劳动力成本大幅上升、产品成本优势降低、在国际经济危机导致很多国家的市场需求下滑的阶段，这类企业未能及时或没有勇气进入内销市场参与竞争、打造品牌。

二是盲目行动式的企业。根据经验主义、理论主义的盲目跟进是此类企业的特征。这类企业勇气可嘉，也愿意改变，却忘了“试”的重要性。如今，中国的市场营销成本已经很高，较高的营销成本必然会带来较高的经营风险，如果在没有通过市场测试的情况下就着急上战场，失败的概率当然会被放大。

2010 年，英国的《金融时报》专栏作家蒂姆 · 哈福德（Tim Harford）将营销试错法列为改变商业的十大创新之一，他对试错做了以下论述："失败一直是市场经济最基本的组成部分，市场有效是因为人们在不断地尝试新想法，这些想法大多都会失败，那些成功的想法又会让早先的想法失败。在美国，每年约有 10% 的企业正在消失。"

商业社会的发展需要创新和试错，企业同样如此。试错有风险成本，可能会出错，但不试错可能会出现更多的错误。

2015 年 10 月 24 日，Facebook 的创始人马克 · 扎克伯格（Mark Zuckerberg）在清华大学经管学院演讲时说："在路上的每一步都有人会说新的想法不会成功，他们面对过好多问题，改变过好多次，当时不知道那些问题的答案，没有人知道。不要因为改变就放弃，一直努力，就会改变世界。"

6.2.4 成长型企业如何有效试错

一些人说企业需要试错，尤其是对成长型企业来说，试错更是企业从无到有、从有到优不可或缺的一部分。那成长型企业如何有效试错？如何熟练运用这个方法？

1. 一切从假设开始

假设的内容就是未来拿来检验的内容，试错中的假设是带着问题的怀疑、带有不确定性的判断和预测。这种猜测是对未来的预知，但这种预知并不准确。有效的假设会使试错者尽快找到正确的出口，做出正确的判断。在做假设时，企业要做好充分的准备。

2. 假设应建立在充分了解自身的基础上

假设源于自己可以掌握的一切信息，能否对自己有充分的认识和了解是假设中的一个重要环节。如果企业对自身没有清晰的认识就盲目行动，很容易给企业带来不必要的麻烦和损失。

3. 假设不能忽视对市场的有效洞察

试错是为了排除错误，从而达到预测的效果。而猜测是凭借自己的知识和经验来排除错误的，可以将潜在的危机缩到较小的范围之内。从市场出发有效地洞察就会发现很多可以在假设、预测时就能排除掉的潜在问题。例如，很多企业知道给自己的产品或公司定位，在某种意义上也就意味着牺牲。在定位之前，企业应该先考虑好牺牲什么，将来想要将定位之外的内容再纳入企业经营范围内还有没有可能，代价有多大。

例如，奇瑞为了完成树立品牌形象的使命，2019 年，奇瑞推出了它的高端 SUV 车型——星途 TX，但星途 TX 上市后，全年的销量仅为 13993 台，与其主要竞争对手吉利领克、长城 WEY 存在明显的差距，消费者对星途 TX 的未来发展也持怀疑态度。

对于奇瑞而言，发展试错并不是什么战略问题，笔者认为，是他对时机把握不准。试错本身就是为了发现问题，但它是基于对市场的清晰认识。在市场中，在不缺少中高端车辆的情况下，奇瑞以低端车进军汽车市场，成为一匹“黑马”后，回头再试图进入汽车中高端市场，这应该说是比较符合市场发展战略规划的；但在其品牌还停留在低端形象，在消费者还不能接受其低端、高端汽车市场都可以兼顾时，奇瑞盲目推出高端汽车，即使它的配置、性能都不亚于中高端汽气的其他品牌，也很难让消费者改变潜意识中对它的品牌定位。

对市场的洞察向来是不可或缺的，试错并不是排除其他营销方式而独立进行的，而是要相互结合运用，才能发挥更好的效果。

4. 学会在试错中调整方向

《基业长青》一书中提到，从 1988 年开始，斯坦福商学院的学者詹姆斯 · 柯林斯（James C. Collins）和斯坦福大学副校长、研究组织行为与变化的杰里 · 波勒斯（Jerrv I. Porras）教授一起对《财富》500 强企业进行了长达 6 年的研究，其中一项企业研究的结论为：在审视高瞻远瞩公司的历史时，他们发现这些企业之所以能够做出最好的行动，不是起源于详细的战略规划，而是依靠实验、反复尝试、机会主义，或者准确地说，是靠机运而得。这个结论听起来似乎与主流的研究性结论大相径庭，但细细回味，似乎确实有一定道理。战略规划、企业定位的来源是什么？是根据以往的规律做出来的预测，还是在实践中反复调整的结果？如果从另一个角度重新认识，或许会有新的认识和发现。

例如，服装企业柒牌男装最初并没有立领西装。企业从品牌和广告片的角度考虑，大多数西装的特点是带有国际感，这时以差异化的策略参与竞争或许会另辟蹊径，柒牌男装于是想到了中国元素。而在与西装相关的中国元素中，“中华立领”不可不提。用中国元素来表达西装是一个大胆的尝试。让一家企业中没有的产品——“中华立领”现身广告片更需要不小的勇气。但融合了长城、竹叶、山脉、“中华立领”这些独具中国元素的商业电视广告（Television Commercial，TVC）一经推出，不仅使柒牌男装的品牌知名度迅速提升，更是引起了消费者的极大兴趣，不少消费者来到柒牌男装专卖店，指定要购买广告中的同款立领西装。

这个新的尝试给企业带来了意外的收获和惊喜，使柒牌男装在整个营销策划、企业产品等方面都做出了很大的调整，后期更是推出了一系列的营销活动去拓展“中华立领”这一资源，“中华立领”已经成为柒牌男装独具代表性的服装。很多辉煌的成功中不乏偶然因素，但这些偶然因素其实并非纯粹的机遇。正如法国著名的生物学家、化学家路易斯·巴斯德（Louis Pasteur）所说：机遇只偏爱那种有准备的头脑。只有不断地试验、尝试、犯错，敢于打破常规，机遇才会在某个时刻出现。

杰克·特劳特（Jack Trout）在《重新定位》中提出了不少重新定位的观点和方法，企业的定位不可能一成不变，适时做出调整是必需的。能被消费者记住的优秀的企业除了能够创造辉煌的成就外，更能够走得长久。而这条长久的道路并非坦途，在途中还需要企业不时地调整方向，以便适应未来的趋势。所以说，战略规划不可能是今天为未来做的无限期预测，而是需要不时地做出调整，在调试中完善、在错误中纠正。

案例6-5

高铁的试错

如今，高铁已经成为中国交通最闪亮的名片之一。截至 2018 年年底，中国的高速铁路营业里程已达 2.9 万千米，超过全世界总里程的 2/3。据官方统计，在 2018 年内，全国铁路旅客发送量高达 33.13 亿人次，同比增长 9.0%。其中，高铁动车组发送 20.01 亿人次，同比增长 16.6%。

事实上，高铁能够有今天的成绩，同样走过不少弯路，同样经历过不少试错。

早在高铁建设立项伊始，对于采用国产高铁技术还是进口技术，各方的观点不一。中国的高铁技术刚刚起步，技术积累较浅，如果不吸收国外的先进技术，很难进行突破性的研究。为此，原铁道部（现为交通运输部）做出决定：首先，收回权力，不允许各车辆厂单独谈判，以免被外商各个击破；然后，明确规定，外商必须和中方组成合资公司后才能参与竞标。不过，另外一种批评的声音也随之而来：这种模式导致外企只愿拿出时速 250 千米的技术，中国不能获得最有价值的技术，高铁技术依然落后于人。

这个观点尽管得到了很多学者、专家的认同，但相关部门最终顶住压力，毅然贯彻实施这个决定。中国尽管只拿到了时速 250 千米的技术，但通过技术再升级、再开发，最终实现更高速率的技术研发，所有专利归中方所有。

现在回头来看，当年的很多规定正是“敢于试错、善于试错”的尝试。如果没有走这些“弯路”，中国或许就不能成为高铁的技术供应方，依然扮演着技术引进方的角色。事实证明，最初看起来的试错反而是一条正确的道路。

6.3 体验

案例6-6

交通领域的体验式营销

体验式营销是近年来被广泛提及的营销新模式。体验式营销主要应用于快销产品、电子产品等。例如，苹果公司专卖店的体验专区就是典型的体验式营销。但随着体验式营销的不断深化，交通领域同样结合各类活动主题展开了体验式营销，让营销更加丰富。

1. 新博瑞“7 天免费试驾”

2017 年，吉利旗下的新博瑞正式上市。为了快速抢占市场，新博瑞在北京、上海、广州、杭州等 30 多个城市开展了“7 天免费试驾”的体验活动。这种免费试驾与传统门店的短时间试驾不同，用户可以凭借身份证、驾驶证到吉利汽车 4s 店领取一辆满油的新博瑞 1.8T 旗舰 4G 版，享受“7 天免费试驾”。在长达 7 天的免费试驾过程中，用户可以近距离体验新博瑞汽车的各项功能，产品的优劣让用户可以切身感受，同时这也体现了吉利集团对新博瑞的信心。

这次活动让吉利汽车在各大网站、汽车垂直媒体网站出尽了风头，而获得“7 天免费试驾”的用户也在他们的朋友圈、微博中分享自己的快乐，写下试驾过程中的真实感受。这种体验式营销让新博瑞很快成为当季最受关注的汽车之一，其销量直线上升。

2. 东风风光“先体验，后购买”创新营销

类似于吉利的“7 天免费试驾”活动，坚持“一切为了用户”核心价值观的东风风光于 2019 年推出一项“先体验，后购买”的创新营销活动。

这项营销活动在很大程度上降低了消费者对产品以及服务的顾虑，在品牌与用户之间建立了紧密的信任关系。这种营销模式通过将渠道、服务、产品全面下沉，为用户带来了购买商品前的真实使用体验。

相比传统行业的营销，东风风光的这种营销活动表现出两大特色：第一，打破了时间限制，消费者每次可以连续 72 小时免费用车；第二，打破了空间限制，消费者体验用车的路线不再是经销商制订的路线，而是消费者最短的生活半径，这种真实的产品体验在 2019 年为东风风光打开了全新的市场发展局面。

3. 蚂蚁金服智能无人停车场邀请体验

体验式营销已经渗透到交通领域的各个环节，例如，智能停车场。2017 年 12

月，阿里巴巴旗下的蚂蚁金服发出邀请函，邀请用户前往深圳，感受无人智能停车场的魅力，进而对无人智能停车场的其他周边产品进行营销。蚂蚁金服的智能无人停车场完全采用智能化模式，当用户开车离开停车场时，既不用中间停车交费，也不用拿出手机刷卡支付，可以直接把汽车开走。因为当汽车经过智能检测设备时，会自动通过支付宝收取停车费，此功能的应用大大提高了停车的效率。这种全新的体验立刻让用户、相关商业机构产生了兴趣。通过这种直接体验，很多公司当场签约并在自己的商圈内推广这样的智能化无人停车场。

从这些体验式营销案例中可以看出，让用户真正接触到产品是体验式营销的关键。而在互联网时代，创造出让用户沉浸其中的场景，并不断地在社交平台分享传播，决定了体验式营销的传播广度与深度。

6.3.1 体验

亲身体验简称体验，也叫体会，通常是用自己的生命来验证事实、感悟事实、留下印象的过程。体验到的东西使人们感到真实，并在大脑中留下印象，这样就可以随时回想起自己曾经亲身感受过的生命历程，也因此对未来有所预测。

网络体验是通过看（See）、听（Hear）、用（Use）、参与（Participate）的方式充分刺激和调动消费者的感官（Sense）、情感（Feel）、思考（Think）、行动（Act）、关联（Relate）等感性因素和理性因素的一种营销模式。

1. 用户体验

用户体验（User Experience）这个概念非常重要，是一种纯主观的在用户使用一个产品（或服务）的过程中建立起来的心理感受，它主要由印象（感官冲击）、功能性、使用性、内容 4 种因素构成。这些因素相互关联，不可分割，共同形成了用户体验。

2. 体验式营销

体验式营销是指企业通过采用让目标消费者观摩、聆听、尝试、试用等方式，使其亲身体验企业提供的产品或服务，让消费者实际感知产品或服务的品质或性能，从而使消费者认识、喜欢并购买的一种营销方式。这种方式以满足消费者的体验需求为目标，以服务产品为平台，以有形产品为载体，生产、经营高质量的产品，拉近企业和消费者之间的距离。

6.3.2 体验式营销的形式

由于体验的复杂性和多样化，所以《体验式营销》一书的作者克里 · 史密斯（Kerry Smith）将不同的体验形式归纳为战略体验模块，并将其分为以下 5 种类型。

1. 知觉体验

知觉体验即感官体验，是指将视觉、听觉、触觉、味觉、嗅觉等知觉器官应用在体验式营销上。感官体验可被分为公司与产品（识别）、引发消费者的购买动机、增加产品的附加价值等。

2. 思维体验

思维体验即以具有创意的方式引起消费者的关注、兴趣，使之对问题进行集中或分散的思考，为消费者创造认知和解决问题的体验。

3. 行为体验

行为体验是指消费者亲身经历的实践行为。企业从消费者的需求出发，通过创造、引导与交通产品或交通服务内容相适应的具体场景、氛围，以激发消费者进行行为体验，帮助消费者迅速地理解交通产品或交通服务的内容本质，最终使消费者形成新的消费观念和消费行为的动态过程。通过增加消费者的亲身体验，指出他们做事的替代方法、替代的生活形态，丰富消费者的生活，从而激发消费者或者使消费者自发地改变其生活形态。

4. 情感体验

情感体验即体现消费者内在的感情与情绪，使消费者在消费中感受到各种情感。例如，亲情、友情、爱情等。

5. 相关体验

相关体验即通过实践自我改进的个人渴望，使别人对自己产生好感。它使消费者和社会产生较多的关联，从而使消费者形成对某种品牌的偏好。

6.3.3 体验式营销的步骤

1. 识别目标消费者

识别目标消费者就是要明确消费者的范围，针对目标消费者提供购物前的体验，降低成本。同时还要对目标消费者进行细分，为不同类型的消费者提供不同方式、不同水平的体验。在运作方法上要注意信息由内向外传递的拓展性。

2. 认识目标消费者

认识目标消费者就是要深入了解目标消费者的特点、需求，知道他们的顾虑是什么。企业必须通过市场调查来获取消费者的相关信息，并对信息进行筛选、分析，真正了解消费者的需求与顾虑，以便有针对性地提供相应的体验方式。

3. 从目标消费者的角度出发，为其提供体验的机会

要清楚消费者的利益点和顾虑点在什么地方，根据其利益点和顾虑点决定在体验式营销的过程中重点展示产品或服务的哪些部分。

4. 确定体验的具体参数

要确定产品的卖点在哪里，进而让消费者从中体验并进行评价。

5. 让目标消费者进行体验

在这个阶段，企业应该预先准备好让用户体验的产品或设计出让用户体验的服务，并确定好便于达到目标对象的渠道，以便目标消费者进行点对点的体验活动。

6. 进行评价与控制

企业在实行体验式营销后，还要对前期的运作进行评估。评估要从以下几个方面入手：效果如何；消费者是否满意；是否让消费者的风险被提前规避；风险规避

后是否转移到企业身上，转移了多少；企业能否承受。通过这些审查和判断，企业可以了解前期的运作情况并重新修正运作的方式与流程，以便进入下一轮运作。

6.3.4 体验式营销的策略

1. 感官式营销策略

感官式营销是通过视觉、听觉、触觉与嗅觉建立感官上的体验的一种营销策略。感官式营销可以提高消费者对公司和产品的识别度，引发消费者购买的动机、增加产品的附加值等。以宝洁公司的汰渍洗衣粉为例，其广告突出“山野清新”的感觉：新型山泉汰渍带给你野外的清爽幽香。公司为了给消费者带来这种清新的体验感做了大量工作，并取得了良好的效果。

2. 情感式营销策略

情感式营销是企业在营销的过程中，通过触动消费者的内心情感，创造良好的情感式体验，例如，欢乐、自豪等。情感式营销需要真正了解什么样的刺激可以引起某种情绪，以便使消费者自然地受到感染并融入这种情绪。例如，在“水晶之恋”果冻广告中，消费者可以看到一位清纯、可爱、脸上洋溢着幸福的女孩，依靠在男朋友的肩膀上，品尝着他送给她的“水晶之恋”果冻，这种情感式营销可以让消费者同样感受到这种甜蜜的氛围。

3. 思考式营销策略

思考式营销是启发人们的智力，创造性地让消费者获得认识和解决问题的体验。它运用惊奇、诱导的方式使消费者产生不同的想法。在高科技产品的宣传中，思考式营销被广泛使用。1998 年苹果公司的 iMac 计算机上市仅 6 个星期，就销售了 27.8 万台，同时这款计算机被《商业周刊》评为 1998 年最佳产品。iMac 计算机的成功在很大程度上得益于一个思考式营销方案。该方案是用“与众不同的思考”的标语，结合许多不同领域的“创意天才”（包括爱因斯坦、甘地、拳王阿里等人）的黑白照片，在各种大型广告路牌、墙体广告和公交车上呈现。当这个广告在无形中引导消费者去思考苹果公司的计算机与众不同时，也促使他们思考自己的与众不同。

4. 行动式营销策略

行动式营销是通过偶像角色，例如，影视明星或著名运动员来激发消费者使其生活形态发生变化，从而实现产品的销售。在这一方面，Nike 的营销案例可谓经典。该公司成功的主要原因之一是将出色的“JUST DO IT”（想做就做）广告转变为一种身体运动的体验。

5. 关联式营销策略

关联式营销是感官、情感、思考和行动与营销的综合。关联式营销策略特别适用于化妆品、日常用品、私人交通工具等领域。

6.3.5 体验式营销的组织

1. 树立“消费者导向”的全面体验式营销观念

消费者是企业最重要的资源，所有其他要素存在的意义就在于支持和留住企业的消费者。一方面，要维持企业的现有规模，增加用户的保留度；另一方面，要拓展企业的发展空间，发现和挖掘潜在消费者，而提高用户满意度成为当前一个亟待解决的问题。诞生于体验经济，以“消费者导向”为中心的全面体验式营销就是一个很好的解决方案，这也是我国市场经济发展的必然要求。

2. 制订体验式营销战略，实现体验式营销立体化

企业战略即企业的发展方向。体验式营销理念的树立，要求企业制订相应的营销战略。对企业而言，体验式营销战略能够确保企业战略目标的顺利达成，营销环节包括市场调研、市场细分、市场定位、产品研发、广告宣传、供应链管理等。而体验式营销立体化是指体验式营销在时间上的持续化和空间上的系统化。在企业的不同发展阶段，要适时地对企业的营销策略做出修订，推陈出新，保证其在时间跨度上的连续性和空间分隔上的完整性，从而使体验式营销取得良好的效果。

3. 利用网络手段，实现体验式营销的网络化

借助现代网络技术，可以大大提高消费者体验的参与度。从戴尔的直线营销：为终端消费者提供个性化、人性化的网上定制服务，到杰克·韦尔奇（Jack Welch）的“无边界管理”，都体现了沟通零距离的互动型体验式营销的新特征。企业应充分利用现代网络技术所提供的高科技手段实现体验式营销的网络化。

4. 体验式营销的策略组合

挖掘品牌的核心价值，获取产品的高溢价能力；制订体验价格；整合多种感官刺激，创造终端体验；充分利用纪念品开展促销等都是体验式营销的策略组合。

体验式营销在我国的导入和发展目前虽然只是“小荷才露尖尖角”，但是已经引起越来越多企业的关注和重视。因此我们相信，伴随着体验经济的发展，体验式营销必将成为 21 世纪营销发展的趋势和企业参与竞争的有利“武器”。

6.3.6 体验式营销的特色

体验式营销与商品营销、服务营销相比既有共性，也有个性。共性就是它们都是为了满足消费者的需求。个性在于提供物、提供方式等不同。体验式营销主要具有无形性、个性化、互动性、主观性、延续性等特点。

1. 无形性

服务的无形性是以商品为依托的，制造商通常的做法是将商品和服务进行捆绑式销售，以便为消费者提供完整的服务，当然许多服务本身也是一种体验。体验式营销中的无形性更强调用户所能感受到的一种难忘的、身临其境的体验，它是一种可以被感知的体验。

2. 个性化

产品营销强调提供标准化的产品，服务营销强调产品和服务的定制，而在体验式营销中，由于个体存在巨大的差异，要想吸引个体参与互动，在营销活动设计中就必须体现较强的个性化。当然，用户也乐意为所获得的体验价值承受相对较高的

价格。

3. 互动性

在产品营销中，消费者是企业的用户；在服务营销中，消费者被称为客户；而在体验式营销中，消费者是企业的客人，也是体验活动的主人。因为体验活动必须要有消费者的参与，进而在消费者和企业之间产生一种互动行为。体验式营销的效果是消费者在互动活动中的感知效果。

4. 主观性

在产品营销中，企业用价格或其他的差异化手段区别于其他企业；在服务营销中，企业通过服务价值等使用户获得更多的利益；而体验式营销活动的最终效果是建立在个人主体印象（主要包含时间、空间、技术、真实性、质地、规格等方面的特征）的基础之上的，它包含个体差异的影响，对不同的产品、不同的个体有不同的感受，表现为一种个体的主观性。

5. 延续性

消费者所获得的感受并不会因一次体验的完成而马上消失，这种体验感受具有一定的延续性。例如，消费者对体验的各种回忆等，有时消费者事后甚至会对这种体验重新评价，从而产生新的感受。因此体验式营销的效果是具有延续性的，一旦消费者对产品的体验感到满意，他们就会对公司产生较高的忠诚度。

6.3.7　体验式营销的原则

1. 适度

体验式营销要求产品和服务具有一定的体验特性，消费者为获得购买和消费过程中的体验感觉往往不惜花费较高的代价。

2. 地域化

体验式营销能否被消费者接受，与地域差异关系密切。各个国家和地区由于文化和风俗习惯的不同，价值观念和价值评判标准也不同，评价的结果存在差异。因此体验式营销活动的安排必然需要适应当地市场的风土人情，要既富有新意，又符合常理。

6.3.8 体验式营销的基础

1. 一款好的产品是体验式营销的前提

体验式营销的前提是：企业要有一款真正过硬的产品。常言道：事实胜于雄辩。有时候，企业投入巨资宣传一款好的产品，可能没有人愿意相信。若企业能创造一个环境，让消费者参与、体验产品的特点并置身于其中，使消费者在生活、使用产品的过程中体会到产品的价值，逐渐形成口碑，这对营销来说是至关重要的。

例如，2006 年，在大学的一个课堂中有学生反映：他们曾为参加一次户外活动去购买头灯。商店店员向他们推荐的是德国进口的节能头灯，理由是该头灯既明亮又省电。但此款头灯的价格比国内的头灯高出很多。许多人认为不值：“不就是个头灯吗？又照不远，那么明亮没用呀，至于省电，多带几节电池就可以了。”结果多数人买了价格便宜的头灯。等到真正到了野外，大家晚上围坐在一起玩游戏时，德国进口的头灯的强光和节能性就显示出了很大的优越性。后来这些学生又纷纷购买了德国头灯。

从这个案例中我们得到的启示是：产品的优点在多次宣传后无人认可，但经过体验及测试（体验变成了口碑）后立刻就会被消费者接受。这充分说明了消费者体验和口碑营销的重要性。

消费者的参与、体验、互动所产生的影响、口碑和营销价值要远远优于广告产生的价值。

2. 产品不完善就不要奢谈体验式营销

体验式营销一定要建立在一款好的产品（或服务）的基础之上。如果没有好的产品（或服务），就先不要奢谈体验式营销，否则会适得其反。

例如，2018 年九阳公司推出了一款 C50T 榨汁机。为了迅速抢占市场，九阳公司在各大电商平台对这款榨汁机做了大力宣传。可是与市场上的其他品牌相比，九阳 C50T 榨汁机的各项功能都没有明显的特色，只突出其品牌，而且很多消费者购买这款榨汁机后反映，这款榨汁机的质量实在令人担忧，经常出现各种问题。最后，九阳 C50T 榨汁机在当年获得的好评率非常低。

没有完善的产品却让消费者体验，真有一种出了钱砸了自己的牌子的感觉！因此企业要是没有好的产品，就不要轻易谈体验式营销。

6.3.9 体验式营销的拓展

体验的产生是一个人经历过一些处境的结果。企业应注重与消费者之间的沟通，发掘他们内心的渴望，站在消费者体验的角度，去审视自己的产品和服务。以体验为导向设计、制作和销售产品，增加产品的体验能量，这样才能为企业带来可观的经济效益。

在网络经济时代，体验式营销正在利用网络工具不断扩大体验式营销的消费者群体并增加其互动。体验式营销只是企业体验式营销战略的一种途径。例如，通过网络发放优惠券、免费领取试用品、参与产品的个性设计等。在传统模式下的体验式营销设计和制作优惠券、发放传单等都需要大量的人力、物力、资金的投入，而且效果不佳。而通过网络工具推广体验式营销，可以为企业节省大量的成本并且没有地域限制。

案例6-7

滴滴的成长之路

截至 2019 年年初，滴滴已经获得了 1300 亿元的融资，用户规模超过 4.5 亿。自滴滴平台建立以来，它不断向外拓展业务范围，满足用户的出行需求，为众多司机提供了就业岗位，还为城市交通问题的解决带来了积极的影响。可以说，滴滴通过共享经济模式加速了“中国梦”的实现进程。

2016年3月，分享经济第一次写进政府工作报告。分享经济能够提高社会资源的利用率，正在被越来越多的国家、企业纳入发展战略。采用分享经济模式能够降低大众创业的要求，促进各方的协作，加速企业运转，充分发挥人们的创新力量。

“互联网+”的概念推出后在多个领域得到了应用，不仅从各个方面改变着人们的生活方式，而且推动了传统企业的变革与创新。自此，很多领域涌现出新的产业模式及发展方向，加强了不同领域之间的合作关系。其中，滴滴采用的就是“互联网+交通”的发展模式，推动了分享经济在国内交通领域的应用。

我国很多城市（特别是经济发达的一些城市）都存在严重的交通问题，车辆众多、道路拥堵、公共交通运行效率不高等问题亟待解决。为了缓解城市交通拥堵等问题，滴滴应运而生。其发展方向是建立汇集城市出行信息的综合网络平台，加强各交通运输部门之间的联系，协同互动，缓解城市中的交通问题。

2012年，滴滴建立之初，以出租车服务为开端，之后在发展中不断拓展业务范围。如今，其服务项目包括专车、快车等，还新增了代驾服务，滴滴的司机规模大约为1000万。因此滴滴在满足用户出行需求的同时，还为众多司机提供了就业岗位，减轻了社会的就业压力。

一般情况下，市民出行有明显的高峰期，在这个时段内会出现城市交通运力不足的情况，但如果通过增加公共车辆来提高运力，很可能导致高峰期过去后，大量公共车辆资源闲置的情况。滴滴通过创新思维，充分整合城市车辆资源，满足市民在高峰期的出行需求。

另外，绝大多数城市不可能在短期内实现道路的大规模扩建，也就是说，道路资源是有限的，其承载的车辆规模也相对固定，因此一些地区只有通过采用限牌政策来维持道路交通的正常运营。滴滴开展的拼车业务能够增加载客量，在满足市民出行需求的同时保障城市交通的正常运行。

不仅如此，滴滴的运营还大幅提高了资源的利用率。调查结果显示，出租车的运力是私家车的11倍。滴滴为用户与司机之间的信息传递提供了便利，用户可以根据需求与偏好选择专车等多种服务项目，提高了车辆资源的利用率。

综上所述，按照传统的运营模式，很多城市的交通资源无法满足市民的出行需求，而滴滴通过提高交通资源的利用率缓解了城市的交通问题。

滴滴在建立出行平台的基础上，加快平台运转，并积极引用市场中的先进技术。2015 年 5 月 22 日，滴滴宣布正式成立机器学习研究院，并着手建立人才队伍，从世界各国招揽专业技术人才。为了给用户提供合理的出行方案，给用户提供满意的服务，滴滴加快建设、升级内部的数据智能分析平台，从而不断地提高其市场竞争力。[1]

阅读静思

1. 体验式营销有什么现实意义？
2. 为什么说市场调研不能代替试错？
3. 怎样建设网络营销团队？
4. 体验式营销的形式有哪些？

1　资料来源：甘开全 . 滴滴程维：在巨头阴影中前行 [M]. 北京：新世界出版社，2017.6.
赵彤彤 . 滴滴一姐柳青：共享才有未来 [M]. 武汉：华中科技大学出版社，2017.6.

参考文献

[1] 张卫东 . 网络营销：策划与管理 [M]. 北京：电子工业出版社，2012.

[2] [美] 菲利普·科特勒 . 市场营销管理 [M]. 洪瑞云，梁绍明，陈振忠译 . 北京：中国人民大学出版社，2004.

[3] 瞿彭志 . 网络营销(第三版)[M]. 北京：高等教育出版社，2009.

[4] 史达 . 网络营销 [M]. 大连：东北财经大学出版社，2006.

[5] 陈晓红 . 工商管理案例 [M]. 长沙：湖南人民出版社，2005.

[6] 闰涛蔚 . 电子商务营销 [M]. 北京：人民邮电出版社，2003.

[7] 姚远 . 我国大型网上零售企业的网络营销策略研究 [D]. 大连：东北财经大学，2007.

[8] 刘福茂，戴克商 . 网络营销理论与实务 [M]. 北京：清华大学出版社，2007.

[9] 姜旭平 . 网络营销 [M]. 北京：中国人民大学出版社，2010.

[10] 成惊媛 . 网络营销 [M]. 成都：西南财经大学出版社，2008.

[11] 叶茂中 . 营销的 16 个关键词 [M]. 北京：机械工业出版社，2014.

[12] 阿里学院 . 网络整合营销 [M]. 北京：电子工业出版社，2013.

[13] 夏明学，王丽萍 . 网络营销：管理与实践 [M]. 北京：北京大学出版社，2013.

[14] 林汶奎 . 明天被颠覆的是什么 [M]. 长春：北方妇女儿童出版社，2015.

[15] 复旦大学管理学院商业知识发展与传播中心 . 复旦案例经典 [M]. 北京：中信出版社，2012.

[16] 黎万强 . 参与感：小米口碑营销内部手册 [M]. 北京：中信出版社，2014.8.

[17] 包政 . 营销的本质 [M]. 北京：机械工业出版社，2015.7.

[18] 赵光辉 . 网络营销研究的热点与发展趋势 [J]. 中国市场，2016(27).

[19] 赵光辉 . 我国“互联网 +”交通服务的演进与政策 [J]. 中国流通经济，2016(03).